第一四九辑

老照片

OLDPHOTOS

主编 冯克力

山东画报出版社
济南

图书在版编目（CIP）数据

老照片. 第149辑/冯克力主编 .— 济南：山东画报出版社，2023.6

ISBN 978-7-5474-4555-6

Ⅰ. ①老… Ⅱ. ①冯… Ⅲ. ①世界史－史料 ②中国历史－现代史－史料 Ⅳ. ①K106 ②K260.6

中国国家版本馆CIP数据核字(2023)第165157号

LAOZHAOPIAN DI 149 JI
老照片. 第149辑
冯克力 主编

责任编辑 赵祥斌
特邀编辑 丁 东 邵 建
装帧设计 王 芳
特邀审校 王者玉 赵健杰

主管单位 山东出版传媒股份有限公司
出版发行 山東畫報出版社
社 址 济南市市中区舜耕路517号 邮编 250003
电 话 总编室（0531）82098472
市场部（0531）82098479
网 址 http://www.hbcbs.com.cn
电子信箱 hbcb@sdpress.com.cn
印 刷 山东临沂新华印刷物流集团有限责任公司
规 格 140毫米×203毫米 32开
6印张 137幅图 120千字
版 次 2023年6月第1版
印 次 2023年6月第1次印刷
书 号 ISBN 978-7-5474-4555-6
定 价 25.00元

目录

封　面　立体照片：紫禁城午门前的八国联军和西方外交官

（云志艺术馆）

封　二　张怀斌赠唐仰杜之肖像照（云志艺术馆）

封　三　航拍北平中轴线（文武）

1954年：街拍上海

——东德共产党代表团镜头里的新中国

李　洁

1954年10月，参加中华人民共和国成立五周年庆典的德意志民主共和国（简称“民主德国”或“东德”）代表团一行五人，在游览了北京（详见《老照片》第一四五辑）以后，即被东道主安排去了上海。

上海是中国乃至亚洲的第一大都市，因曾有西方人经营的租界，故清末时即被国人称为“十里洋场”。20世纪20年代末与30年代初，总部在莫斯科的共产国际（第三国际）在“华洋杂处”的上海设立了远东局，因为国共分裂之后，中共中央就从国民党政权所在的武汉秘密迁至上海的租界里。远东局的负责人曾由莫斯科派出的德国共产党人担任，因而，德国共产党人对远东第一大都市的特殊感情自不待言。

中共中央和远东局同在上海时期，远在闽西的中共第一武装力量——中国工农红军第四军（简称“红四军”，亦称“朱毛红军”，后称“中央红军”），曾派遣新当选的前委书记潜入上海，向中央和远东局汇报工作。十几日后，这位年轻的特使奉命返回红四军，向军长朱德和军政的负责同志们传达了中央的指令：毛泽东重返红四军任前委书记，他回任军政治部主任，从而使毛泽东成为中共武装力量的第一责任人，并使“党指挥枪”的中共建军原则得以确立。这位红四军的特使，便是后来的新中国第一任上海市市长陈毅，二十多年后，不知他是否出面接待过德国代表团的同志们。

在上海游览的日子里，东德代表团中的一员、即在北京街拍的那位谢顶的同志，又用相机拍下了远东第一大城市的风貌。

从拍摄者保存的照片看，他们一行，被东道主安排在一座高层的豪华宾馆里下榻。

上海的顶级高层宾馆，当时只有两座，即矗立在外滩都刚好二十年的国际饭店和上海大厦。

国际饭店（图 1），是上海首批入选“中国 20 世纪建筑遗产”的唯一建筑。它是由有着传奇经历的匈牙利人拉斯洛·邬达克所设计。此人在奥匈帝国时毕业于建筑设计专业，一战时不得不应征入伍，稀里糊涂地成了俄军的战俘。在西伯利亚服役期间，俄国爆发了“十月革命”，战俘们趁乱溃逃，其捷径就是先到中国的哈尔滨，然后再抵达大连、青岛、上海等沿海城市。邬达克正是循着这条路线到达了有“冒险家乐园”之称的上海。他以伪造的身份进入了美国人的建筑设计事务所，并很快以其杰出的成果让业内信服。随后，他自己成立了事务所，十几年后，竟成为上海滩第一建筑设计师！“十里洋场”有超过一百座建筑出自他的蓝图，而其中最著名的、即落成于 1934 年的 Park Hotel，后改名国际饭店。该巨厦濒临黄浦江，地面有二十四层，高度超过八十米，其“亚洲第一高楼”的纪录一直保持到 20 世纪 80 年代后期。上海老友董扬兄告诉我这样一句老上海人都会说的俗语：“抬起头看（国际饭店），帽子也会落脱。”可见

图 1　上海国际饭店

图 2 上海大厦和外白渡桥

该巨厦之气魄，早就让人叹为观止。

与国际饭店齐名的是上海大厦（图 2）。

这也是一座 1934 年落成的豪华宾馆，由英国著名的建筑设计师弗兰赛设计，原名 Broadway Mansions，中国人音译为“百老汇”。七十六米高的上海大厦，与身下的苏州河口的外白渡桥，构成了大上海的主要地理标志。1951 年上海市人民政府将百老汇改名为上海大厦。

外白渡桥初建于清同治年间，原为木桥，光绪年间改为钢铁结构的新型大桥，长约一百三十七米。该桥从设计到钢材，均为英国人包揽，其桥梁技术为当时世界一流。苏州河汇入黄浦江处，有里外之分。白渡，一说是“摆渡”的误写，一说是因过桥不收费让人白渡而得名。

老照片定格的不止是巍峨的巨厦，还有地面上的交通信息。

看图 1 可知，彼时，各类型的机动车都可以驶入上海闹市区。而且，所有的车，全是大洋彼岸舶来的美国货——有克莱斯勒公司制造的吉普车，有通用公司制造的别克轿车和大卡车，还有道奇公司制造的公交车。

这张照片上的车，无论大小，多是二战期间美国研制并出口到各盟国的交通工具。二战结束后至共和国成立之初，中国对美国汽车的依赖，不言而喻。须知，新中国的第一辆国产车，是 1958 年才从长春汽车制造厂大门驶出的。

图 3 显然是拍摄者自高层宾馆的窗口向地面的停车场俯拍的。这张照片，让我们更看清了当年接待宾客的高档轿车，也

图 3 宾馆停车场的小型客车，几乎是清一色的美国别克牌高档轿车。

是一色的美国制造。除中间一辆美国吉普之外，其他轿车，均为别克牌。须知，民国时期，别克是中国最畅销的高档轿车，政界权贵和商界大佬，无不以高档别克轿车为座驾。现在南京的"美龄宫"里就陈列着"民国第一夫人"宋美龄当年的别克专车。躲在天津日租界的逊清皇帝溥仪的"御车"也是别克。上海的"周公馆"里也陈列着一辆周恩来当年的同品牌的专车，那是华侨赠送给中共代表团的。

图 4 和图 5 可以让人读出更多的交通信息。

从照片上看，前车即小卧车，应为贵宾车队的头车，摄影者乘坐在第二辆车的后排座上。从他的镜头里，我们可以窥知当时小型汽车的有关信息。

因为当时的制造技术不能让玻璃呈弧形，所以，无论大小车辆，前挡风玻璃全都由两方平板玻璃拼接组成。至于汽车的转向指示器，则是副驾驶座上方的箭头形铁家伙。该箭头中间

图 4 从汽车里看国际饭店

图 5 沿江马路和上海大厦

图 6 外滩的上海海关大楼等建筑

嵌着上绿下红两块塑料片。拐弯时，司机要用右手将箭头扳向左或右；而街中央的警察（车外箭头右侧立者），则靠目测每辆车上的转向箭头来判断并指挥车辆行进的方向。

车前方的巨厦，即上海国际饭店。

图5告诉我们，那时上海最主要的马路上，地面没有交通标识线。路边的电线杆上，喷着给司机们看的“顺序行车，依次前进”的大字。大多数行人按规矩在画面右侧的人行道上行走，但随意横穿马路者不在少数。

从大街上人数之多来看，这应该是个星期天。不然，大街上不会有这么多的人！

左侧，即江岸一侧，似是停车场，小型客车、自行车、三轮车都停在那里。

正前方，就是被上海人习惯称作“百老汇”的上海大厦。

图6会让我们看出上海的市政管理水平和市民的素质，确实高于其他很多城市——恁多的地排车，整整齐齐地排列在马路左侧。细看方知，这些人力车，轮胎全都是充气的！

而且，这本相册里，不像北京那样，大街上有那么多的牲口车往来穿梭。

因为下榻在高层建筑，而且，也登上过其他高楼俯瞰市容，所以，拍摄者的相册里有不少张“远东第一都市”的繁华风貌。

图7（见中插）是举世闻名的“远东第一商业街”——上海南京路。

由近至远，画面左下方的意大利风格的尖顶建筑，为建于1926年的金门饭店，即1958年因改为主要接待往返上海的华侨而改名的华侨饭店。不过，现在这家南京西路上的高档宾馆的名称，又改回了“金门”。

图8 老永安和新永安（七重天）及附近的民居

画面中部的浅色大厦，为1936年开张的著名的大新百货公司。“大新”曾是南京路上人气最旺的大型商场，但在全面抗战期间，元气大伤。至抗战胜利后，内战硝烟呛走了粤籍老板蔡昌，他把资金都转移去了香港，使这座著名的大型商场成了空壳。于是，1949年之后，上海市人民政府在此创建了新中国第一家国营百货公司——国营上海百货公司（又称“中百”“第一百货公司”）。

注意看，在“金门”和“大新”（“中百”）两大建筑之间的三层楼的一面墙上，亮着一方啤酒广告，但不是中国最有名的“青岛啤酒”，而是“烟台啤酒”，旁边四个小一点的字是“纯粹国产”。烟台啤酒，产自烟台醴泉啤酒厂，厂名得于孙中山在烟台张裕葡萄酒厂参观时题写的“品重醴泉”。该厂是两个胶东人创建于1920年的民族工业，曾自30年代始在上海乃至

图11 黄浦江码头的捕鱼人及围观者

图 13 直挂风帆到上海。

东南亚不惜工本进行营销，并以其淡味之品色打开了上海市场。而始建于 1902 年的青岛啤酒，则因产量所限，主要出口于欧美和提供给国内高端场所，故为其他品牌的啤酒留下了空间。进入新中国以后，烟台醴泉啤酒公司即被改造成公私合营的啤酒厂。

画面右上方的尖顶建筑，即新新百货公司。仔细看，“新新”两个大字还镶嵌在塔楼上。“新新”位于“先施”的西南，是两位粤籍华侨创办于民国十五年（1926）的著名商厦，其名出自中国儒家经典《大学》“苟日新，日日新”。设计师也是那位上海滩最有名的匈牙利籍建筑设计师邬达克。那座欧式建筑的顶部，是中国人自己创办的第一座民营广播电台，因四周以玻璃围饰而被上海人称为“玻璃电台”。1949 年 5 月 25 日清晨，

图 15 运输棉纱的驳船驶向码头

在解放军先头部队已经挺进至南京路时，该电台被中共地下党领导的“上海人民保安队”所控制，并发出了“我们上海人民解放了”的第一道电波。

比新新公司更远的那座尖顶建筑，就是南京路上的四大公司中创建最早的先施百货公司。先施是清光绪二十六年（1900）由旅澳华商在香港开办的当时港九最大的百货公司，“先施”

图 7　繁华的南京路

图 9　南京路上人来车往

图 10　尚未建防汛大堤的外滩江岸

图 12　外滩的税务局检查站

图 14　停泊在海关大楼前的货船

取自儒家经典《中庸》中的“先施以诚”。民国六年（1917）10月20日，上海先施公司开业，其附属的东亚饭店也同日开业。那一天，顾客盈门，南京路为之堵塞，可知其人气之旺。

先施公司马路对面的那座尖顶建筑，就是永安百货公司。永安是粤籍侨商于民国七年（1918）稍晚于先施开办的六层商厦。为了在气势上压倒先施，十五年后，永安又在附近购地新建了二十二层的永安新厦，即画面（图7，见中插）左上方的浅色高楼。新厦高度仅次于国际饭店，被上海人称作“七重天”。1949年以后，上海人民广播电台就设在“七重天”楼上。永安公司在1966年被改名东方红百货商店，后叫过上海第十百货商

图16 和北方沿海地区不一样的是，上海的女人也使船，只不过从发型看，她们都是已婚妇女，且使的都是舢板而已。

图 17 在江上讨生活的汉子，或会颠覆北方人对上海男人的普遍印象。

店、华联商厦，现又改回了本名。

先施、永安、新新、大新这四大公司共同在上海南京路上构建起中国民族工商业的奇迹。

远方的天际线，有模糊的上海大厦。

再俯瞰南京路路面，上有很多辆款式相似的小轿车。也许，那正是当年的出租车。还有电车在铁轨上行驶着。

那时南京路上运营的交通工具，不光有小轿车和有轨电车，还有三轮车和自行车，这是摄自亨达利钟表行楼前的图 9（见中插）告诉我们的。

去过巴黎、伦敦、柏林等国际著名都市主要商业街的读者朋友都会知道，若论繁华盛况，中国上海的南京路不逊于那些世界名都。

现如今，约一千五百米长的南京路，已经改为步行街。没有车辆行驶的商业街，成了购物者的天堂。

外滩的黄浦江岸（图 10，见中插），当时还没建防汛大堤，哦，上海人称防汛墙。那时，黄浦江水近在路边，是逛累了的

图 18　中方安排东德代表团乘坐交通艇沿江观赏上海风光。细数乘船人，有五位外国人、十三位中国人。陪同人员之多，自然显示了东道主对兄弟党同志们的格外重视。

图 19 画面右侧的这位谢了顶的中年男子，即东德代表团访华期间的摄影者。在上海，他与中方的主要接待官员及其孩童合影留念。近七十年过去了，他和陪同者应该早已作古。他怀抱着的幼童，如今也是七十四五岁的长者了。

上海人和外地人休闲的地方。自 1959 年大堤修成后，每到晚上，漫长且幽暗的大堤上就成了恋爱者们成双成对挨在一起的隐秘之所。笔者 20 世纪 80 年代初次到上海出差时，曾被黄浦江边那么多躲在阴暗处的“谈对象的”吓了一跳。那会儿，绝大多数居民挤在狭小的房子里过活，路灯昏暗的黄浦江防汛墙就成了年轻人幽会的最佳去处。

没建“防汛墙”的时候，黄浦江边还是市民捞鱼的乐园。图 11 就是有人在码头上架网捞鱼。若非回头看镜头的那个少年脖子上系着红领巾，人们会忘了现在已经是新社会了。

无论在大街上行走或小憩的人，还是捕鱼人与围观者，从衣着上看，上海人穿得都很体面。

税务局的检查站就设在江边（图 12，见中插）。简易的办公室外，挂着“上海市人民政府税务局黄浦分局第六税务所外滩检查站”的木牌。画面上，坐着和蹲着的人都在怔怔地看着镜头，而两个理发匠正在给各自的顾客剃头，全然不知有洋人在自己身后“咔嚓”。

征税的对象，就是在江上往来的大小货船的船东。在大规模的公私合营运动之前，所有的船舶大多都属于私家所有。江面上，轮机船、风帆船和舢板等你来我往，摇橹划桨各使其船，倒也一派繁忙景象（图 13—图 16，其中图 14 见中插）。

江上的照片，是拍摄者在船上拍摄的。图 17、图 18 表明，东德代表团既乘坐过轮机船，也乘坐过单人划桨的舢板。因为有了照相机，他们在陆上和江上，拍下了远东第一都市的景观。

拍摄者把照片珍藏在了相册里。时隔近七十年后，被我们看到了。从中我们知道了新中国初期北京与上海的真实风貌。

（图片由云志艺术馆提供）

名人一瞬

我的教授爸爸陈白尘

陈 虹

那是1994年父亲病重之时，他拉住我的手极其严肃地交代说："我死后，墓碑上什么称谓都不要，仅'教授'二字即可。"我惊讶了，惊讶的不是事情的本身，而是父亲的思考。按照他的个性，墓碑上的文字本不该如此肃穆，起码是——"这里长眠着一位大笑了一生的喜剧作家"，等等。毕竟他将自己的一生全都奉献给了话剧。

父亲为什么如此看重"教授"二字？——那是1978年的9月，他恭恭敬敬地接受下了南京大学校长匡亚明"三顾茅庐"送来的聘书，以七十岁的高龄前往中文系执教，并担任该系的系主任。在欢迎大会上，父亲表态了："即使我是一块药渣，也要再挤出点药汁来；即使我是一支蜡烛，也要将两头同时点燃。"颇有些悲壮之感。匡校长也发言了："你培养出来的学生，今后如果超不过你，就是你的失败！"颇有些咄咄逼人。

尽管父亲以前也当过教师，全面抗战期间在重庆国立剧专和四川省立剧校以及抗战胜利后在上海戏剧专科学校等课堂上，教授过编剧法等课程。但此时"文革"刚刚结束，中国大地万物复苏，百废待兴，更何况阳翰笙频频来信邀请他回京出任全

图 1 父亲和他的老师在一起。右起依次为：田汉、洪深、阳翰笙、黎莉莉、父亲陈白尘、郑君里。

国文联的秘书长，父亲“重振雄风”的岗位，无论如何也不应该放在这里啊！但是，他毫不犹豫地走上了讲台，更郑重其事地别上了那枚红色的校徽。

匡亚明校长的愿景是早已设计好了的：“颇有些经院习气的大学文学系，是需要吹进一点新鲜活泼的空气的。外国的不说，单就中国而论，鲁迅、茅盾、田汉、老舍、郁达夫、洪深……有成就的作家，不是都曾任教于高等学府吗？”

面对这样的重任，父亲能够承担得起吗？教授的席位可不是人人都有资格应聘的！

——论学历，他老老实实地告诉大家：自己只能算个大专生，而且 1928 年由于学校被国民党当局查封，竟连一张毕业文凭也没有拿到。他在文章中这样写道：“南国艺术学院只办了半年，根本没有毕业生。但后来为了吃饭，我只好买了一张空白的文凭，跑去请田汉先生填写。他盖了学院的旧图章，并于‘校长’二字下面签了名。他苦笑道：‘这可是南国艺术学院唯有的一张文凭啊！’”

——论外语，他更是老老实实地坦白：自己的英语水平让学校蒙羞。那是在南国艺术学院学习的时候，“上课不多而给我印象最深的是徐志摩先生，他教的是英国文学。一天他在课堂上想试一试我们的阅读能力，先叫起陈凝秋，要他读一首英文诗。陈凝秋满脸涨红，说他只学过俄文。第二个叫起的是我，连高中校门都没有进过的我，只能用谁也听不懂的发音，结结巴巴地读了两行，他挥手要我坐下，愤愤然地说：‘你们是些什么大学生！’以后便再也不来上课了。”

——论科研，他根本不是学者，更非科班出身，剧本写了不少，论著则基本为零。2002 年，我应邀为江苏省哲学社会科学界联合会编纂“当代江苏学人丛书”时，颇感为难，一再声明对方是否搞错了，陈白尘是“剧人”，不是“学人”。但他们根本不相信，坚持说南京大学的中文系主任怎能没有科研成果？最后只能东拼西凑，找了几篇谈创作体会的文章算是对付了过去。

是啊，这样的一张表格交到大学的人事处，不要说当教授了，就连做个普通的工作人员也没有资格！

然而，他走马上任了！信心十足地走马上任了！以自己独特的思维与理念、行为与方式，走马上任了！

他去听课，一天不落地听课，结果发现了这样一个问题——课堂纪律不理想，有睡觉的，有看课外书的，甚至还有旷课的。如果换了别人，肯定是要严厉地处分这些学生。但他在全系教师的大会上，竟发表了这样一通“意见”：“如果教师教得好，有水平，有新意，教室里会出现这种情况吗？教师照本宣科，

图2 1978年父亲走马上任了，身后为中文系办公楼。

敷衍了事，又何必去浪费学生的时间呢？我看是可以允许他们不去上课的。”

他去阅卷，批阅研究生的报考试卷，结果提出了这样一个闻所未闻的评分标准——“要给那些有独立思考和新鲜见解的卷子打高分。比如说，其中有一道题答得非常出色，且有新意，就可以给个满分；反之，如果所有的题目都答得四平八稳，几乎是从教科书上背下来的，最多也只能给个及格！”众人不敢点头，却又暗自钦佩与赞同。

后来，他自己开始招收研究生了，在综合性大学内培养戏剧创作的研究生，这于全国来说尚属首例。为此他提出了这样的要求：“宁稚嫩而不俗，勿老成而平庸。”也就是：有见解，有灵性，热爱生活，勇于探索。“我们培养出来的必须是有思想的、与时代和人民血肉相连的剧作家，绝不是躲避生活的暴风雨、单纯追求雕虫小技的编剧匠！”

于是，仅仅创作过“半”个剧本的下乡知青姚远被他选来了，他说他有丰富的生活底子，目前虽然还只是一张白纸，但一定能够画出最新最美的图画。

于是，正在被评论家批评得一无是处的黑龙江大学学生李龙云被他选来了，他咬定他的剧本《有这样一个小院》是香花不是“毒草”，而且将来一定能够形成自己的独特风格。

又于是，一大批“编外”的学生也都纷纷跑来了：蒋晓勤是《带血的谷子》的作者之一，父亲看中他能够“不趋时”，能够“惦着无人问津的农村生活”，被收入了“门下”；《人生不等式》的作者张莉莉，敢于挑战“禁区”，大胆地提出了一个重要的社会问题，破例成为“函授”的学生；远在吉林的

图3 父亲（右三）和他中文系的同事们

李杰，由于在《高粱红了》当中，能够“爱人民之所爱，憎人民之所憎”，也成了一名“远程教育”的对象；还有马中骏、颜海平、方洪友、邹安和、赵家捷、卢冬红……真是数也数不清。

也就在这一年，父亲的名字被异乎寻常地刊登在了某大报的“内参”上。不是表扬，而是批判：陈白尘在招收研究生时大开“后门”！——背景很简单，爱才若渴的他只是想“破格”招收一名年轻学子，作为他的戏剧创作专业的研究生。

他的“破格”，破在了那一届的研究生考试已经结束，而父亲却通过匡亚明校长为这个学生特准了单独补考；他的“破格”，破在了这位考生因为写了一出反映“四五运动”的剧本，而被错误批判，甚至停发了工资；他的“破格”，更破在了他让自己的一位故交亲自到该生就读的学校去了解其人品，“如果确实是个很有追求的年轻人，我就破例录取他；如果仅仅是一个名利之徒，那就算了。”回电来了，只有四个字：“无可非议。”于是父亲自掏差旅费，请中文系的老师专程去东北跑了一趟。

就这样，父亲“开后门”招进了这名研究生，就像当年匡亚明“开后门”聘请“叛徒”陈白尘以及“右派”程千帆等人担任中文系的教授一样，他是坦然的，心中只有伯乐选中了千里马之后的喜悦和欣慰。

他的课，终于上起来了！

那是一次在饭桌上的谈话。一位学生接着之前的话题问道：“陈老，如果再遇上‘文化大革命’该怎么办？”父亲开起了玩笑：“怎么办？——我带着你们一块从长江大桥上跳下去！”还没等大家反应过来，他已经收起了笑容：“不，我们才不告别生活呢！作家应该是生活的真正拥抱者，作家总是在苦斗之中。你们走到这一步不会后悔吧？我们就是要为最广大的人民而写作！”

——这就是他的“政治思想课”。

姚远的《下里巴人》终于完稿了，父亲命令他说：“不要心疼，回去试着砍掉一万字，砍掉六千字，再砍掉……最终就能懂得什么叫凝练，什么叫‘一石三鸟’了！”李龙云的《小井胡同》获得了成功，父亲命令他道：“不要去做人间第二手！——凡是老舍先生用过的手法，你最好不要再用。你就是你，就是你自己。不要去做老舍第二，某某人第二，要有这种志气！”

——这就是他的“创作辅导课”。

中国剧协召开剧本讨论会，父亲带上了他的学生。“话剧应该怎样创新？”他提出了迫在眉睫的问题。“学习外国的流派。”“借用电影的手法。”大家议论了起来。父亲发言了：“我们还有一条最重要的路子——为什么不能将中国戏曲中的优秀传统吸收到话剧里面来呢？这可是中国人自己的，外国人学不去的！如果把话剧‘嫁’到了人家那里，我宁愿做个‘老姑娘’！”全场哄堂大笑。

——这就是他的“戏剧理论课”。

学生们有感于当前话剧的不景气，纷纷向父亲诉起苦来。他笑了：“怎么，悲观了？听我讲讲当年的故事吧。——1927年的冬天，田汉于上海艺术大学举办‘鱼龙会’。第一天统共才卖出了一张票，而且买票的人自己没有来，将票子送给了家中的厨师。但是这位唯一的观众一边看一边被剧情感动得哭了，于是就有了后来的第二个、第三个观众……”

——这就是他的“中国话剧发展史”的课程。

…………

父亲说过，当年在南国艺术学院，田汉就是用这种“十八扯”式的方法给他们上课的——“他可以从文学的起源扯到历史，从历史又扯到哲学，话题一转又能说到莎士比亚，再转又到了易卜生或梅特林格身上了……但是我们，甚至包括绘画科和音乐科的学生，全都喜欢听他这种‘十八扯’式的讲课，从他那渊博的学识里各取所需。”

如今，父亲也对他的学生们“十八扯”了起来。没有讲稿，却鞭辟入里；没有课本，却妙趣横生。一批批的学生们这样形容自己的感受：“他在谈剧本，又不仅仅在谈剧本。他使你联想到人生、命运、历史、文化等更加丰富的内容……促膝相对时，你能够慢慢感觉到在陈老那儒雅的外表后面所独有的倔强内涵，以及历尽沧桑的人生高度所带来的特殊魅力。这魅力从他的眼神、他的表情、他的手势和略带淮阴口音的娓娓话语中散射出来，真是如坐春风，如饮醇醪，令人荡气回肠啊！”

说实在的，我多么羡慕父亲的这些学生们啊！姚远的《大树下》八易其稿，父亲就八次审阅并亲笔修改；李龙云的《小井胡同》在北京公演，父亲就专程赶到首都去观看和指导……那一年，我作为恢复高考后的第一届新生，也跨进了大学的校门，而且读的同样是中文专业，但父亲不要说为我修改文章了，就连过问一下我的学习，也几乎从来没有过，他的“后门”全都开到别人家去了。

数年之后，姚远毕业了，李龙云毕业了，赵耀民毕业了……他的一届届研究生们全都毕业了。就在中文系的那个三面都装有玻璃窗的明亮的会议室里，父亲高声地询问前来参加答辩会的各位评委们：“你们说，我失败了吗？”评委们一致亮出了“优”。父亲兴奋极了：“我没有失败！我要告诉匡校长，他

图4 父亲的学生们为他庆贺八十华诞。

们已经在不少的地方超过了我……”

这应该就是匡亚明校长下聘书时所期望的——“为颇有些经院习气的大学文学系，吹进一点新鲜活泼的空气！”

这应该就是父亲接受聘书时所暗暗努力的——“我相信在下一代的剧作者们中间，一定会出现关汉卿，一定会出现王实甫！”

那年，我在为江苏省社科联编纂“当代江苏学人丛书”之一的《舞台与讲台——戏剧家陈白尘》时，颇为得意地在《前言》中写下了这样一段话：“陈白尘是当今中国唯一将编制放在高校中的剧作家。……正因为他选择了课堂，选择了讲台，他才能够成为一个与他人所不同的剧作家；也正因为他本身始终在执笔创作，始终在剧坛中冲锋陷阵，他才同样成为一个与他人所不同的教授！”

这就是我当年对身为教授的父亲的认知和理解，很骄傲，也很自豪。但是董健教授的思考却要比我深刻许多，他说：“人们对陈老从文坛走上教坛的意义一直估计不足，只看到他培养了一批批人才，却没有注意到他在重建那个久被丢弃的文学与大学同根同源的传统。”

我为自己的浅薄而脸红。我终于明白了，不仅明白了父亲之前的所作所为，更明白了他于后来所做出的一切——

1980年，他于中文系创建了戏剧研究室（后又扩大为戏剧研究所），他模仿美国著名戏剧家贝克教授主持的“47shop”（于哈佛大学校内讲授戏剧课程，培养戏剧作家），而让南京大学于全国综合性高校中第一个建立起戏剧学博士点，并承担下了《中国现代戏剧史稿》《中国新文学大系（1937—1949）·戏剧卷》和《中国现代戏剧总目提要》等国家重大课题。他坚持自己的观念和主张：“我们编写的是大学教材，在学术上应有充分自由，应有自己的学术立场。”为此，《中国现代戏剧史稿》以其独立的史学观点和自由的学术精神，荣获了全国高校教材特等奖，并且数十年来一直使用至今，无出其右。

这些意味着什么？董健从历史的角度告诉人们，现代大学在中国一经创立，就是一个学术独立、思想自由的精神家园。而中国现代文学则始终与大学密切相关，几乎找不出哪一个大作家不是出自于大学或者曾经任教于大学的，他们无疑是同根所生。走上讲坛授课，拿起笔来写作，自由的精神、创造的境界，既是大学的灵魂，也是文学的生命。他说：“当1978年陈白尘毅然走进大学之时，一般人还没有看到现代大学的精神所在及其深远意义。那时去‘文革’之日未远，更多的人对大学遭受摧残之可怕命运，还留有余悸。而他则早已看清了大学精神之可贵价值了。”

那是1988年的3月1日，事先似乎谁也没有约定，但是

图5 父亲和他的第一届研究生合影。

从清晨开始，一批又一批的学生——“编内”的、“编外”的，还有“编外的编外”的——便络绎不绝地来到家中，为父亲庆贺八十诞辰。父亲的眼睛湿润了，他用颤抖的手点燃了一支支插在那个巨大的蛋糕上的蜡烛，然后向所有在场的人深深地鞠了一躬。

学生们这样评价他——

李龙云说，他是一个很儒气的老头。

赵耀民说，他是一个极有骨气的真人。

蒋晓勤说，他是逆水行舟的纤夫、衔木填海的精卫。

陆炜说，他是话剧事业的精魂，“老而弥坚，至死不渝”。

父亲摇了摇头，悄悄地道出了心中的一个“秘密”：“你们可知道，在中国的历史上我最崇敬的人物是谁？——诸葛亮、岳飞、李秀成。他们的可敬，就在于‘知不可为而为之’！”

客厅中一片静寂，谁也没有说话，全都默默地看着父亲，看着他那头如银如雪的白发……

整整十六个年头——从七十岁到八十六岁，亦即父亲生命的最后一段时光，他将其全部奉献给了南京大学，他努力地去“为”，去“为”那个“知不可为”的理想与追求。

父亲的助手董健教授写下了这样的文字：“现在一般大学教师在六十岁上下就退休了，陈老却在这十六年里做出了特殊的贡献，使自己生命的末端放射出了耀眼的光辉。”

“编外”学生蒋晓勤道出了他的感动：“他像是大河中央的砥柱，在砥砺激扬起惊涛骇浪的同时磨蚀的是自己的生命之础；他又像是一只老蚕，在源源奉献着华美锦缎的同时抽取的是自己的血肉之丝。”

远在北京的著名表演艺术家于是之为父亲题写了一幅立轴：“落红不是无情物，化作春泥更护花。”后来他又在我儿子的笔记本上写下了这样一句话：“没有你外公这一代人，就没有我们！”

父亲无怨无悔，也无憾无恨。他默默地送走了最后一批学生，静静地阅完了最后一篇习作。他悄悄地收藏起自己的工作证和校徽，又悄悄地于一个寂静的深夜微笑着告别了人世。他留下的嘱托只有一句话：“墓碑上什么称谓都不要，仅‘教授’二字即可。”

——这是他的欣慰，欣慰于自己的选择，人生道路上的最后一次选择！

中国动力工业的创始人

——记魏如先生

魏颂平 杨秋陶

魏如先生是一个跨越清末、民国和新中国三个时期的人物。1897年生人，原名汇茹，字子拔，浙江诸暨枫桥镇大奕村人。出身于书香门第，祖父与父亲均为清末秀才。魏如早年毕业于大东公学，清宣统二年（1910）考入浙江绍兴府中学堂（鲁迅任该校监学和教员），辛亥革命前夕，曾参加秘密组织从事革命。1913年因领导学生罢课被学校开除并通报全校。1914年改名大刚，考入杭州之江大学，半年后因反对基督教而退学任乡村小学教师。1916年考入交通部上海工业专门学校电机科（上海交通大学电机系前身）。1919年五四运动爆发后，魏如任学生评议会书记兼宣传队长。后成为民国时期和新中国初期著名的企业家和工程师。

民国动力工业的开拓者

魏如先生是个技术型、实干型的知识分子，对从政没有多少兴趣。尽管同学和亲属中有不少人做了政府高官，也想拉他从政，但他始终坚守“实业救国”的信念，坚持只做技术和实业，不涉政治。

图1 早年的魏如先生

1920年魏如大学毕业后，曾在上海美商慎昌洋行、英商久胜洋行、华商华昌贸易公司任练习工程师、工程师。为发展中国民族工业，1925年，魏如、支秉渊、黄炎、张延祥、吕谟承、朱福驷、吴梅生等七人集资创业，取名新中公司，寓意开发新中国的工业，制造国产机器。公司在上海泗泾路筹建，次年春在长安路租设机器厂开业，同年秋在闸北宝昌路建厂开工。开始制造3.5马力煤油机、12马力卧式二冲程小马力柴油机以及碾米机等。此后曾制造16马力立式柴油机、36马力双缸、54马力三缸柴油机；并于1931年制造45马力双缸、90马力四缸柴油机等。根据当时需要，还制造10马力双缸柴油机，并仿制英国“克罗斯”三缸75马力、四缸100马力柴油机，同华生电机厂发电机配套，销售于安亭、南翔、嵊县、宁波、江山等地，用于发电厂的照明及小型动力。

1929年应同学王崇植之邀，出任青岛市政府技正兼自来水厂总工程师，设计改装全市的路灯；并为自来水厂改装设备，保证了夏、秋季供水。

1932年，一·二八抗战时，新中工程公司为日军炮火所毁，损失巨大，魏如接任厂长倾注全力进行重建，设计生产出一批新式柴油机，并揽接各种修理装置业务。1936年全面抗战爆发前，该厂已拥有机械设备3000余吨，员工2000余人，成为国内最大的重工业企业之一，并试制造出了45马力的汽车高速柴油机。

图 2 1938 年 10 月，魏如与第二任妻子周维本的结婚照。摄于长沙。

1937 年抗日战争全面爆发，魏如率厂内迁，辗转于武汉、长沙、祁阳、重庆等地。为发展民族工业，支援抗战做出了贡献。

抗战中新中厂艰难的内迁

1937 年 8 月 13 日，淞沪会战爆发。在日本飞机的狂轰滥炸下，上海被毁的工厂达 2270 家之多，为了挽救民族工业，尽可能地保留民生经济的工业基础，国民政府匆匆组织了较大工厂的内迁。三个月内，上海共迁出民营工厂 140 多家、机器设备14000多吨、工人2000多名。有人把这场在战争中完成的工厂搬迁，称之为“中国式的敦刻尔克撤退”。

图3 抗战时期的魏如

新中公司也在内迁名单上，当时工厂搬迁主要靠水路运输，把机器设备运至木船上，整个搬迁工作十分艰难，由魏如指挥、调度。天上经常有日本飞机的扫射与轰炸，河道内又船满为患，一路上惊心动魄，整整经历了22个日日夜夜的水路奔波，机器设备才运到武汉，并尽快在新厂到位后，开始生产。这时新中厂主要生产迫击炮弹的弹壳及探照灯的动力机。日军逼近武汉后，新中厂又全部迁至长沙。除继续以前的业务，又承接了去江西筑路建桥的工程。

在艰难的内迁过程中，魏如夫人因难产而病逝。为照顾好他的生活，魏如的大学同学、国民政府资源委员会委员周维干将自己的妹妹周维本介绍给魏如，二人在长沙成亲。

仅仅过了一年，日军又进攻长沙，各内迁工厂又面临马上搬迁的局面。这时，素有钢铁建筑工程经验的新中厂除了本厂的搬迁外，又承担了汉阳铁厂100吨炼铁、资源委员会黄石港水泥厂、经济部造纸厂和申新纱厂透平机的拆迁工作。整个搬迁过程中，日军的飞机经常在头上盘旋，扔下的炸弹时常在附近爆炸，魏如冒着生命危险在现场调度指挥，颇有临危不惧的风度。

新中厂从长沙迁至湖南祁阳后，为了适应战时需要，从1939年到1944年五年时间内，陆续发展了六个卫星厂和十一个大工场。

一、电力厂——祁阳原来没有电力供应，新中就先用本厂自制的十几个 45 马力柴油发电机发电，后又接手资源委员会开办的湘江发电厂，所发电力除满足本厂需要，还能供应邻近的几个工厂。

二、炼铁厂——为了保证工厂原材料的供应，魏如又联系了原交大同学、银行家吕越祥合办了有多台高炉的民生炼铁厂。

三、开采煤矿——为了满足工厂对煤炭的需求，魏如以招股形式组建了七里桥煤矿公司，雇工 200 余人，后来开采的煤炭可以满足祁阳的需求。

四、钢铁厂——为了满足制造机器的钢材要求，自筹了炼钢、轧钢、锻钢的设备，自制汽车用的煤气机、发电用的蒸汽机、

图4 1954年9月，出席第一届全国人民代表大会的上海代表在北京合影，从中可见当年上海各界的精英人物。后排右四为魏如。

各种切削机、鼓风机、抽水机。

五、建新机器厂——完全由新中厂员工投资管理，每个员工既是股东，又是生产者，年终根据盈利分红。该厂主要生产夹具。

六、为了解决厂内职工的伙食，魏如投资了建湘面粉厂。其后又建了粮食加工厂，该厂以后也成了国民党的长沙兵工署的主要协作单位。新中工厂当时在祁阳职工众多，为了随厂家属子弟的教育，魏如又指示厂部招聘了若干名逃难在祁阳的有学历与资历的人士做老师，兴办了新中子弟学校，解决了职工的后顾之忧。

抗战后期，各处工厂纷纷迁至祁阳。祁阳俨然成了我国抗战后方一个重要工业基地。新中厂还在祁阳举办了五期技工训练班，培养了车、钳、刨工种的技术工人近三百名。在魏如主持下，当时的新中职工多达两千余人，生产设备多达三千余吨。因此无论从生产品种与规模，新中都堪称“内地重工业之首”，无可厚非地成了内地私营企业的龙头。

祁阳工业的发展引起了日本人的注意。1940 年日军出动十八架飞机，分二队轰炸祁阳。新中厂的宿舍被夷为平地，职工二人遇难。魏如住处也被炸，情急之下扑在来不及躲避的孩子身上，炸弹卷起的泥土塞满了魏如的口腔，幸无大碍。1942 年日军飞机再度空袭祁阳，投弹数十枚，这次新中工厂没受损失。

1944 年春，日军为了打通一条纵贯中国大陆至印度支那的交通线，发动了豫湘桂战役，长沙、衡阳、桂林相继陷落，祁阳危在旦夕。新中厂遂又组织搬迁，厂内细工小具及贵重材料先用卡车运至柳州。魏如从湖南资源委员会借得贷款，返回祁阳抢运重大设备。因职工当时大多被遣散，只能临时雇用民工

图 5 抗美援朝时期，魏如在安东（今丹东）慰问志愿军时与战士合影。

将设备及其他重物肩挑上船。即使这样，遗留在祁阳的近三千吨设备只运出了近千吨，余者为防资敌，只能就地炸掉。当时日军飞机经常轰炸，内地铁路几乎陷于瘫痪。魏如身先士卒，和一部分职工及家属一起步行，随身携带了一条鸭绒被，到了晚上，找块平地，鸭绒被往地上一铺，就席地而卧。一路上，上有日机轰炸的死亡威胁，下有散兵及土匪的骚扰。魏如和一批职工随着逃难人群翻山越岭，穿越了桂、黔、川三省。魏如出发时还带着些银元钱币，作为逃难大部队的开销，但辗转千里之后，钱财殆尽。途中，魏如曾有一次整整两天两夜没进一粒米，后来还是得到了一位路边摊主的施舍，吃了一大碗肉汤锅巴，才勉强支撑到下一个目的地。

21 世纪初，当年曾和魏如同遭此难的、已年逾九十的老职工回忆起当时的经历,都会情不自禁地老泪纵横。这位老工人说，在最冷的几天里，他就和魏老板睡在一条被子里，白天一边讨饭一边赶路，饿着肚子跌跌撞撞朝重庆走去。当时他就对魏如说："我生是新中的人，死也是新中的鬼。"就这样，1945 年春，病困交加的魏如才和大部队一起走到了重庆。

自主制造出中国首辆汽车

1934 年至 1935 年间，新中公司发挥优势，先后承建粤汉、浙赣、苏嘉等铁路桥数十座，为国家基础设施建设做出贡献。

新中工厂迁至武昌、长沙而入祁阳。在祁阳先后开设锻铁、炼钢、金工、发电等十一个工厂,开设七星桥煤矿公司。与此同时，积极探索自主汽车的制造，新中厂支秉渊与魏如等一道在祁阳共同研制了中国历史上真正意义上的自主制造的第一辆汽车。中国造汽车在祁阳城郊的海水湾，驶出了走向汽车制造大国行列的第一步。一个月后，他们开着"中国第一车"驶出新中厂门，跨过古东江，奔向衡桂公路，攀越川黔崇山峻岭，去参加当时在陪都重庆举办的工业展览会。

1944 年，新中厂与内迁各厂在重庆举办产品展览会，中共代表周恩来、董必武、邓颖超前往参观，并题词赞扬。

1945 年，应西部实业家协会邀请，周恩来在重庆出席了"星

图 6　1958 年的全家福

图 7　1959 年 2 月，在上海慰问解放军某部。中排左二为魏如。

图 8 1961 年，魏如与夫人在黄山。

期五聚餐会”（重庆企业家周五晚上自发的友情聚会），和魏如等一批重庆企业家相聚。在聚会上，周恩来说，你们是国家工业之栋梁，国家的发展离不开大家，等等。在重庆举办的内迁工厂成果展览会上，周恩来为新中厂的题词是：“供应前方生产是国防工业的第一要义。”董必武为新中厂的题词是：“在极艰难的条件下奠定新中国工业的基础。”邓颖超为新中厂的题词是：“合作奋斗，发扬光大。”这些题词，现保存在重庆市博物馆。

图 9 20 世纪 60 年代，魏如与胡厥文（中）、童伯型（右）在上海文化俱乐部。

1945 年 12 月 16 日，中国民主建国会在重庆成立，成员主要是爱国的民族工商业者和知识分子，发起人有黄炎培、胡厥文、章乃器、施复亮、孙起孟等。魏如作为发起人之一，担任监事。

1946 年春，新中厂迁回上海，在惠民路购买厂房，恢复生产。由于拒绝为国民政府生产军火，工厂陷于困境。在中共地下党的资助下，才得以起死回生。

图 10 20 世纪 60 年代，魏如在毛泽东故居。

新中国的企业家和工程师

新中国成立后，魏如作为爱国民族工商业者，受到政府和市委统战部门的高度重视，成为上海市人民委员会委员，成为追求思想进步，为政府所信任的党外人士。他积极恢复和发展新中厂生产，并为国家培养和输送了大量的工程技术人才，一些技术骨干先后调任许多国营大型企业或科研机构的总经理、总工程师。

魏如热心参加社会活动，由于他的成就和社会影响，还先后当选为第一、二、三届全国人大代表，上海市人大代表，中国民主建国会中央委员，民建上海市委常委、副主任、代主任，全国工商联执行委员、上海市工商联副主任等职。多次受到毛泽东、周恩来等国家领导人接见。

在抗美援朝中，他积极响应政府号召，带领同行业组织捐献飞机、大炮，并参加赴朝慰问团。

1951 年，魏如主动申请企业公私合营，1952 年 11 月 1 日获批准，被国家第一机械工业部任命为公私合营新中机器厂（后新中动力机厂）厂长。该厂隶属华东局工业部。1956 年，魏如被调任上海市农业机械公司经理。

1966 年“文革”开始后，魏如受到冲击。当年 10 月 18 日，魏如因患膀胱癌医治无效，逝世于上海。“文革”结束后，魏如的骨灰被安放于上海市龙华烈士陵园。全国人大副委员长胡厥文在魏如骨灰安放仪式的悼词中云：

魏如，字子拔，余之友也。长于机电。解放后努力改造。不幸患癌不治，时值林彪用事，是以默默，心实伤之。兹在党领导之下，为开追悼会，并置其骨灰于革命烈士公墓，因辞以安之。

恂恂儒雅，落落襟怀。遇事必完，貌则和谐。勤于改造，细大无差。非时遽陨，遗恨靡涯。今能昭雪，灰骨重埋。君其有知，安息乃佳。

子拔吾兄千古！

我在南海舰队二十年

侯洪恩 口述　宫玉河 整理

1951 年 2 月，中国人民解放军第十军接到开赴华北准备入朝作战的命令。3 月下旬开始集结。时任第十军司令部机要秘书（译电员）的我，随军指挥所、军直属队于泸县乘船，经重庆、宜昌到汉口，然后乘火车北上，5 月初到达河北定县（现定州）。我们经过一段时间的战前练兵，6 月份又接到新任务，接替第二十兵团负责津塘锦（天津、塘沽、锦州）海防。离开了定县，分别驻扎到海防前线，其中我们军直属队驻扎地点在河北昌黎，担负海防任务，也为后来第十军以及我转入海军作了铺垫，这是始料未及的。

昌黎那最后一朵桃花

从 1951 年 6 月到 1952 年 5 月，在河北昌黎待了不到一年时间。第十军司令部的三十多个人，都住在一个农家院里。院里有一棵茂盛的石榴树。

昌黎，位于河北省东北部秦皇岛市西南部，濒临渤海。金大定二十九年（1189），因与广宁府重名改为昌黎县，取“黎

图 1 在河北昌黎驻扎时和妻子合影。

庶昌盛”之意。多年征战，让我们这些闲下来的军人百无聊赖。休息时间，我们常去野外游玩，捉来蝈蝈，放在院中那棵石榴树上，“吱吱嘟嘟”的蝈蝈叫，陪伴我们度过了夏秋时节，也寄托了我们的思乡之情。

还有一次，我们去了附近一处桃园。只见偌大的桃园，桃树基本上都坐果了，可有一朵晚开的花，成为桃园里仅剩的一朵，在枝头摇曳，花不大，粉色，我走近端详了一番，又嗅了嗅，淡淡的花香扑鼻而来。我想，按照时节，这朵桃园里最后的花，如果任其凋谢，怪可惜的，于是，我轻轻地把花掐下来，带回去，装在我的一册活页本的塑料夹层里，一直保存至今。虽然这朵桃花已经干枯，而且失去了花香，可是，这是我军旅生涯的一个见证，一个军人对于美好生活珍惜和向往的见证。每次看到这朵桃花，我就想起那激情燃烧的岁月，想起那在昌黎等待到朝鲜保家卫国的日日夜夜。

蝈蝈声和桃花，虽然可以调节生活，寄托乡情，但毕竟是镜中花、水中月，于是，这期间，我给家里写了一封信，告诉了家人我的行踪，告诉他们我来到了河北的昌黎县。家人接到信后，十分欣慰和高兴，我的母亲和妻子两人坐火车来到了我的军营驻地，我们相聚了两三天的时间。

南下石榴岗

1952 年 4 月，第十军解除了计划赴朝作战的准备和海防任务，开始进行整编，海防任务交由第六十六军负责。军直属各部（包括司、政、后、干、警卫营，汽车、通信、监护、工兵连，教导大队，补训团等单位），分别调拨海军司、政、后、干及海军学校和部队，包括我在内的部分战友去了中南军区海军，即后来的南海舰队。1952 年 5 月，调拨任务全部完成。随着一声汽笛长鸣，列车宛如一条巨龙，把我们这帮人带到了南国广州。

5 月，如果在北方，还属于季春时节，而在羊城广州，却已是暑热炙人了，毕竟跨越了一千八百多公里，我第一次感受到了“热”。我们这一次去的人，有两节火车，大约几百人。其中司令部需要一个机要处，第十军机要处去了三十多个人，由处长、副处长带队。在广州火车站，中南军区海军司令部派来的接站车，把我们拉到了目的地——中南军区海军司令部所在地石榴岗。

这里，原是广州法商学院校址，1952 年全国院系调整，这里成了中南军区海军司令部所在地。

新中国成立不久，在军队方面，主体是陆军，海空军基本为零。

1949 年 12 月，中国人民解放军广东军区江防司令部成立。1950 年 12 月广东江防部队和第四十四军指挥机关合并成立中南军区海军，与华东军区海军、海军青岛基地构成了海军三大舰队的雏形。1955 年 8 月 6 日，中华人民共和国国防部发布命令，中南军区海军更名为中国人民解放军海军南海舰队，隶属海军和广州军区。

就全国性的人民海军而言，1949 年 12 月，萧劲光受命组建中国人民解放军海军，任海军司令员兼第一海军学校校长。1950 年 4 月，中南军区第十二兵团机关调赴北京，组建中国人民解放军海军司令部，中华人民共和国的海军建设走上了发展壮大的道路。

我们到了石榴岗后，后勤部一座楼，司令部、政治部一座楼，其中首长们在四楼办公，我们在五楼。机要处的译电员编制三人，除了我之外，还有两人。我还是“老本行”——负责翻译上边来的电报。每次接到电报，我翻译后都直接送到四楼给首长们看。那俩人负责下面上报的战况。

当时南海舰队司令员是方强，1955 年他被授予海军中将。一直到 1969 年我离开南海舰队，先后经历了方强、赵启民、吴瑞林、周仁杰四位司令员。

1963 年 1 月 1 日，由南海舰队司令员吴瑞林、政委方正平、副政委桂绍彬签署任命书，我被任命为海军南海舰队司令部办公室保密档案室主任。

1965 年 4 月，我被任命为南海舰队司令部办公室保密档案科副科长，1966 年 6 月，升任科长。

我的工作随着时间的推进也有所变化，开始是“译电”，后来负责保密档案室。日常接收的和司令部形成的重要文件等，都由保密档案室及时按照档案管理要求整理归卷。保密档案工作日常比较规范有序，可是也有我亲自经办的两次“特殊”事件：有一年，由于战备紧张，司令部担心档案不安全，就安排我和两名助手，把档案送到了湖北一个陆军驻地。记得盛放档案的是一个大樟木箱子，有锁，很沉。档案整齐地放到樟木箱子里，我负责锁好保管。我们三人乘坐火车，上搬下抬地把档案送了去。还有一年，正处在“文革”最混乱的时候，司令部和地方政府担心那些激进分子把档案给破坏了，就一起将档案转移到了海军的一艘军舰上，等形势稳定后，才转移回来。最多的时候，我手下包括秘书、译电员、档案员、俄语翻译等三十多个人。

1955 年，部队实行军衔制。第一批授衔时，我们几个做秘书、文书工作的，军衔授得较低——我只被授予了上尉。这也难怪，“玩笔杆子的”不如“玩枪杆子的”，第一次授衔肯定是照顾有过战斗经历的人。不过，我们还是不乐意，给党委提了意见，后来，再授衔，我被授予大尉，准团级，工资一百零一元。要知道，1955 年全国实行行政级别工资制，行政级别从一到二十四，月工资从五百九十四元到四十五元不等，这个制度一直延续到 20 世纪 80 年代末。城市居民每人每月平均生活费仅为八九元，三四十元的工资便能养活一个五口之家。

想想，从 1947 年参军到 1955 年授衔，恍惚间，二十八岁风华正茂的年纪，竟然有了九年的军旅生涯。

夫妻团聚

按照授衔后的政策：军官、文职干部其配偶和未成年子女、无独立生活能力的子女，经师（旅）级以上单位的政治机关批准，

图 2 和父亲在广州合影。

可以随军，其中包括副营职或副科级以上的军官、文职干部。

由于我军务缠身，难以请假回家接妻子，加上我的妻子没上过学，不识字，所以，1955年夏，我就提笔给家里写了一封信，附上户口迁移证，请识字的父亲，把我妻子送到广州。当我把信邮寄回去后，家里却出现了意见分歧，主要意思是不希望我的妻子到广州去，因为家里地多劳力少，离不开妻子这个正当年的劳动力。从家里的实际情况看，那时还没有实行农业合作社，家里有二十亩地，我的爷爷、奶奶尚能劳动，但岁数大了，父亲在城里做生意，我下面还有三个妹妹一个弟弟，母亲带孩子，是没法干活的。真正的常年劳动力就是我爷爷奶奶和妻子，父亲只是在农忙时回家干活。通过我再三做工作，家里终于同意我妻子去广州和我团圆。

我和妻子从1946年结婚，到夫妻团圆，这期间将近十年时间。

我参军后，包括在昌黎短暂相聚，我们只见了三次。我想，要革命就有牺牲，烈士们牺牲了生命，我这点牺牲不值一提。

父亲和妻子到来后，我带父亲和妻子参观了黄花岗七十二烈士墓，转了转广州城，看了当时广州的标志性建筑和自然风光，位于越秀的镇海楼和“羊城第一秀”白云山。

部队在军营给家属安排了一间屋，里面床、桌子、柜子、

图3 陪父亲参观黄花岗七十二烈士墓。

图 4 一个女儿和两个双胞胎儿子均出生在广州。

被褥一应俱全，妻子从家背来一个包袱，里面都是衣裳。就这样，聚少离多的生活终于结束了，我和妻子自然是十分高兴的。

一年后，我们的第二个孩子出生（我参军前曾有一个孩子，没能存活），女孩。重男轻女的妻子老想要个儿子，没想到，后来一下来了俩，双胞胎。

1958 年，由于战备紧张，加上妻子想家，妻子就带着身孕在老家待了半年左右。女儿在广州跟着我，我雇了一个保姆照看着。

过了一段时间，父亲来信告诉我，我妻子的肚子老大了，大得有点吓人，让她赶紧回广州。父亲再次把她娘儿俩送回。我把妻女接来后，一看，确实，妻子的肚子跟装了个西瓜一样，比怀着闺女时大多了。我怕有情况，赶紧带她去了军营的门诊部检查，随后我就到礼堂参加一个会议去了。

不大一会儿，门诊部急慌慌派人给我来送信儿，说是羊水破了，生了，不过肚子还没下去，很不正常。

那时候，双胞胎、多胞胎很少见，另外，谁也没想到肚子里还有一个。我一听，事不宜迟，就给主持会议的人说，请喊一下，问参加会的，有没有海军医院妇产方面的人。巧得很，正好妇产科主任在场，我领着她快步加小跑赶到门诊部。到了门诊部，门诊部催着赶紧把产妇和孩子送到海军医院，我赶紧要了一辆军车，把妻子送到海军医院，到了海军医院，妇科主任和大夫看了后，似乎是没见过这种情况，怕担责任，说处理不了，说，要不转陆军医院吧。我们又急火火赶到陆军医院。好在陆军医院妇产科经验丰富，大夫做过检查后，听到还有胎心跳，说肚子里还有一个。我当时听了，高兴了一下，因为不是别的，妻子不会有危险了，接着头一下大了——怕养不起。那时候，家里三天两头来信要钱，我一个人的工资，养活妻女还行，再有一个儿子，也勉强过得去，如果一下来俩，可就紧张了。

送妻子去海军医院和陆军医院的时候，两三岁的女儿留在了门诊部，门诊部负责人告诉我："你快去吧，我给你临时找个保姆看着，你好好照顾你媳妇吧！"现在想来，也多亏了门诊部的照顾，要不，我三头六臂也顾不过来啊！

妻子在陆军医院坐月子，待了一个多月。满月后，我去陆

图5 在南海舰队留影。

军医院接妻子娘儿仨，看到肉嘟嘟的两个儿子，我喜不自禁，把他们分别抱了抱，又一起抱起来。这年，我整三十岁，加上一身惹眼的海军军服，大盖帽，带肩章，引得周围的人啧啧有声，还有人嘀咕："你看这俊小伙儿！"其实，在陆军医院，大家司空见惯的是陆军军装，我一身海军军装，进了陆军医院，一下子就像"骆驼进到羊群里"，显得与众不同了，也难怪会引起大家的关注。

妻子生了双胞胎，一下成了司令部的大新闻。当然，也带来了大困难、大负担。首要的是妻子的奶水不够用，可不能让刚刚降生的婴儿饿着。当时，南海舰队后勤部在附近珠江边围有一个生态型养殖基地，其中一个奶牛场，一个把一段珠江围起来，上层养猪下层喂鱼的养猪场。这些都是供应给将军们的。我跑了去，要了两瓶牛奶，作为应急，给孩子们喝了，解决了妻子早期奶水不足的问题。

齐勇副司令员家有一个带护栏的婴儿床，他的夫人王培德是个很热情的人，看到我家的窘况，就把这个床送给了我。这样，我不在家的时候，妻子可以把孩子们关在婴儿床里，去食堂打饭。管理处处长的夫人，也是一个热心人，经常帮助照看孩子，让我妻子去打饭。过去了多少年，这些好心人的恩德，我依然记在心里，忘不了。

一门三海军

1974 年 6 月，根据转业安排，我回到家乡山东省平原县。在帮助县委组织科完成一件临时性任务后，恰好县卫生局局长刘丙举到组织科要人，说王凤楼医院缺一名副院长，组织科征求我的意见，我说我不懂医啊！刘局长说，你不懂不要紧，我给你配备懂医的外科大夫刘世航，人称“一把刀”，你只管做好领导工作就行。于是，我就走马上任了。

卫生局派了一辆救护车，到侯庄把我们全家连同家当一起带到了王凤楼医院，医院安排了两间房。其实，那时候，我老家的六间房已盖好，事先请了一个风水先生，风水先生说，房子盖得好，可惜没人住，还真的应验了。

由于是按准团级转业，我的工资一百多元，是全院最高的，是一般医院职工的三倍多，还引来不少人的羡慕。

1977 年，北海舰队前来平原征兵，十个名额。突然有一天，一个人从县武装部打来电话，一交流，原来是熟人孙铁亮。虎门有个海军的预备学校，孙曾是那里的学员，我们偶然间认识的。他知道我是平原的，也知道我转业了，所以他被分配到北海舰队后，来平原征兵就想到了我。来到县武装部后，到处打听我，终于知道我在王凤楼医院。

我们在县武装部见了面，互相介绍了各自的情况。孙问我，你的孩子多大了？我说，俩小子，都十七岁，念高二。孙说，正好我们需要有文化的人。我说，如果符合条件，你都带走吧。因为，在内心深处，虽然我脱下了那身挺脱的海军服，但我还是对海军有着深深的情结，我希望通过儿子们的入伍，延续我

图 6　一门三海军

的海军情缘。同时，军队也是一个大熔炉，有利于孩子的健康成长。

妻子得到信后，哭了，她说："你真狠呀，把他俩都送出去了，谁给你养老啊！"我说："我是党的人，是公家的人，公家给我养老。"于是，这也成就了我"一门三海军"的传奇。

1985 年 6 月，我离休了。军龄加工龄，合计三十八年。人生真如白驹过隙，恍惚间，很多当年的首长、战友都离世了，而我，除了腿有点毛病外，身体其他部位基本没大毛病，每天和老伴厮守，看看书，看看电视，过着儿孙绕膝的生活。逢年过节，地方政府还来慰问。"庆祝中华人民共和国成立 70 周年"纪念章，"光荣在党 50 年"纪念章，我都得到了。

回顾这一生，我自豪，我曾经是刘邓大军的一员，曾经是人民海军的一员。我还要教育好子孙，把党和军队的优良传统传承下去，进一步擦亮"光荣之家"这块牌子。

初识马哈只墓碑

黄豆米

2005年7月11日是郑和首航西洋六百周年纪念日，中华人民共和国把这一天定为“中国航海日”，同时作为“世界海事日”在我国的实施日期。六百多年来，记载郑和这位伟大的航海家、外交家、和平使者的史籍，汗牛充栋，而关于其身世，《明史·郑和传》里仅“云南人”三字，以至于换个朝代，郑和是哪里人竟成谜。而郑和幼年被平滇的明军掳走、带进京入朱棣府又被阉成童奴的经历，也被有意淡化，其身世成谜在情理之中。

清末，云南省晋宁县昆阳镇月山上发现了马哈只墓碑，这证实了《明史》记载无误，而且进一步明确了郑和于明洪武四年（1371）出生在云南昆阳州（今昆明市晋宁区昆阳镇）宝山乡和代村（即月山）。郑和，回族，本姓马，原名马和，父亲马哈只生育有二子四女，马和为第二个儿子。马和幼年跟随明成祖朱棣，“靖难之变”有功，成祖赐姓郑，改名郑和。2006年，马哈只墓碑作为明代文物被国务院批准列入第六批全国重点文物保护单位名单。

《云南省志》（云南人民出版社2004年版）第二十六卷《文物志》“晋宁马哈只墓”条目写道：马哈只墓碑《故马公墓志

铭》“为明永乐三年（1405）郑和请在京的资善大夫、礼部尚书兼左春坊大学士李至刚为其父撰写的墓志铭，碑文十四行，行二十八字，共二百八十四字。碑阴右上角有题记云：‘马氏第二子太监郑和奉命于永乐九年十一月二十二日至于祖家坟茔祭扫追荐，至闰十二月吉日乃还记耳。’由于此碑碑文内容在史书和方志中均未记载，可补《明史》不足，是研究郑和不可缺少的实物资料，具有重要的历史价值”。

该书对郑和父亲墓碑的发现记述道：清咸丰年间云南回民起义，郑和家族后人参加了杜文秀回民起义，失败后逃匿到玉溪石狗头村，马哈只墓碑被埋藏，墓荒芜。清光绪二十年（1894）墓碑被发现后重立于墓前。1911 年，云南独一无二的科举状元袁嘉谷“到昆阳查访并找到马哈只墓碑”，1923 年把碑文收录在他的《卧雪堂文集》和《滇绎》“并专门介绍，此碑方显于世”，“民国二十四年（1935），昆阳县长杨立声重修其墓，并复立马哈只墓碑。1959 年初重修，1978 年设护栏，并建公园”。

志书所说建公园，其园名“郑和公园”。因建公园，我与马哈只墓碑有了一点可回忆的往事，并留下公园初建前后的几张照片。

1976年，在昆明第一中学高中毕业没几天的我，胸戴大红花，肩背行李铺盖卷，左手提个套有绿军布套子的自制画夹，右手提只外婆专门请邻居为我下乡打的层板木箱——里面装着洗漱用具、换洗衣服、一本把封面都翻破了的鲁迅散文诗集《野草》和一本父亲特别为我准备的崭新的《毛主席语录》。带着这些人生第一次离开家独立生活的全部家当，爬上大卡车，同父亲单位上山下乡的子女们一起到滇池南岸的晋宁县昆阳公社南村大队插队落户当知青了。

图 1 1977 年，晋宁县文化馆馆长向燕凌（左一）与从县内各公社抽调来画画的知青在滇池边合影。前排为笔者。后排右一为陈一云，右三为日后成名的著名画家张晓刚。

我们这一批知青，在农村两三年后就可以考工返城工作。我虽然把画夹、画笔和颜料都带来了，但在生产队劳动时根本提不起笔，画夹塞到床底也没打开过。天晓得县文化馆怎么摸查到刚离开中学没几个月的我有美术特长，所以我插队两年多，大半时间被抽调到县文化馆画“农民画”，或抽去昆阳公社为水利建设绘地形图，每天生产队给我计相当于全劳力的十个工分。而在生产队干活，每天累死累活也只挣得六七个工分。从各公社抽到县文化馆画画的，有少数青年农民，多数是和我一样曾是所在中学“美术小组”成员的小知青，于是我们自称“美术组”，骨干就我们六七个刚插队、二十岁左右的知青。第二年恢复高考，骨干们几乎都报考了四川美术学院，其中有日后成为国内外当代艺术圈备受瞩目、画“家庭”出名的张晓刚。

集中到县文化馆画画，主要创作农民画，那时的农民画展从县、省到全国，一个接一个，“美术组”成员搞完一个画展回生产队没多长时间，又被召集到县上准备下一个画展。我们按要求一律画“农业学大寨”，内容有粮食丰收、开凿水渠、学习“红宝书”，等等。这当中，县文化馆馆长向燕凌交给我一项与画农村新气象完全不同的任务——为县上即将新建的郑和公园绘草图。所谓草图大概是文化馆为报建设项目画个样子而已，所以馆长抓差“美术组”人员，舍不得抓差张晓刚、杨

图 2 1978 年，晋宁县文化馆馆长向燕凌（前排左二）与从县内各公社抽调来画画的知青在滇池边合影。前排左一肖家禾（日后定居美国的画家）；后排左一笔者、左二马文青、右一杨一江（后考上中央美术学院）、右二张晓刚。

一江、陈一云这几个尖子而抓到我。我不懂怎么画草图，只当画来创作，就问馆长郑和公园该长什么模样？有些什么建筑？回答说，主要把马哈只墓画进去就行，其他任我想。我从没画过公园，从小生长的地方出家门百步内有翠湖公园和圆通山公园，见惯了亭台楼阁水榭，只是这两座公园大门都很别扭，自我有记忆，公园大门就是贴大字报和标语的两扇铁皮门，与园内建筑风马牛不相及。未来的郑和公园大门可不能这样，转而想到家所在那条街上最美的一道石雕门——唐公馆被拆后仅剩的石雕大门。于是草图上的郑和公园大门，有了与推翻清王朝的民国元勋、军阀唐继尧的公馆一样的四根石柱、三个大小不等的拱门。

我“涂鸦”郑和公园草图的第二年即1978年仲夏，其他公社的一对兄妹知青双双考上大学来县上取通知书，顺便向我告别，我和“美术组”里的好友借了文化馆的相机带兄妹俩上月山看动工兴建中的郑和公园。公园有了简易围墙，大门砌好了，长方形，四根方柱，若不看门头刻着的“郑和公园”四字，还以为是月山下的县委大门。虽然这道大门没有草图上的一丝痕迹，而且园内施工“闲人免进”，但我们还是高高兴兴地在大门前合影留念。

“美术组”平时写生多半在滇池边和看滇池帆影的月山上。月山即马哈只墓碑里所写的“宝山乡和代村之原”，山上有成片的板栗树，其尽头是墓地，马哈只墓就在这片墓地里。那时我们临摹《美术》杂志上的列宾风景画，到月山上幽深的板栗树林里寻找列宾画里的俄罗斯森林的感觉。不过，几乎没有谁走近板栗林深处那片坟岗。我自然是没见马哈只墓什么样子，就把郑和公园草图画出来了。这哪蒙得了向燕凌馆长，他一看

图 3 1978 年，笔者（右二）与马文青（右一）等三位知青在晋宁县初建的郑和公园大门前合影。

草图，二话不说，让我到墓前写生后重画。我不敢只身前往，馆长让“美术组”里与我形影不离的马文青陪同。两个女孩还是怕，馆长只得亲自出动。三人上山走到马哈只墓前的柏树林正要坐下乘凉，不料马文青扑通跪下朝墓合十磕头，严肃得如同在庙宇里行礼，把我感染得一屁股坐下跟着她合十。这一幕被向馆长用随身携带的照相机抓拍了下来。“十年浩劫”刚结束，我同大多数同龄人一样没有宗教概念，民族概念也淡漠如无，自然不会问与我一样连墓碑上的字都认不出几个的马文青，为何一见马哈只墓就下跪？是因为同姓、同一个民族甚至同样信仰？如果真是，她那时的举动让现在的我理解了一个事实，即郑和让人为父撰墓志铭，铭文中的父亲只有姓，只有尊称“哈只”而没有名字的缘故——六百多年前即郑和出使西洋前，郑和父亲就到过那么遥远的麦加朝觐，得到“哈只”称号，不由人不佩服。由此推测，还是女孩的马文青已懂什么是“哈只”，故而礼拜马哈只墓，何况这位墓主是大航海家的父亲。

这时的马哈只墓还没有设护栏，墓四周坍圮得看不出应有的长方形状，与附近的坟茔没多大区别，不同的是墓前立着三块碑，四周开阔，有片柏树林。三块碑中间的红砂石墓碑由同样材质的石龟驮着，石龟深陷进地里，只露出头和一点龟背。墓碑斑驳，字迹漫漶，碑下端剥蚀残缺。向馆长考我和马文青，

图 4 在柏树林边礼拜马哈只墓。左为笔者，右为马文青。

图 5 郑和出生地云南昆阳州（现为昆明市晋宁区昆阳镇）宝山乡和代村。1977 年笔者在和代村田野写生。

让我们认碑文。整个中学都在“文革”里度过的我们，没怎么念书，何谈什么古文知识，我和马文青好孬认出碑额上“故马公墓志铭”六个大字，又连猜带蒙地认出碑文开篇“公字哈只，姓马氏，世为云南昆阳州人”几字，接下来模糊成一片的几百字正文，两眼茫然。

墓碑两侧的青石碑，字迹更加模糊，连向馆长都摇头，感叹后人所立的石碑才几十年时间就变得字迹难辨，不如几百年前古人立的墓碑。我和马文青对考古不感兴趣，没问馆长青石碑上写了什么。随后我把公园草图交差了事，关于马哈只墓碑的记忆也就淡了，以至于墓碑两侧石碑，压根不知内容。

如今查阅地方文献，得知我四十多年前留影的马哈只墓三块碑有着怎样的经历。中间的墓碑《故马公墓志铭》，是郑和亲自祭扫过的。碑立于明永乐三年（1405）五月端阳日，立碑时，郑和在京都，准备出使西洋，碑由郑和哥哥马文铭所立。立碑后一个多月的六月十五日，郑和率领庞大船队开始第一次下西洋。明永乐九年（1411）郑和第二次出使西洋归来，奉皇帝之命回家乡昆阳祭祖扫墓，在家一个半月的时间，还朝前夕，在父亲墓碑的碑阴题记如下："马氏第二子太监郑和奉命于永乐九年十一月二十二日至于祖家坟茔祭扫追荐，至闰十二月吉日乃还记耳"。郑和回家祭扫，没有在史书和当地文献中留下一个字，唯有碑阴刻着的这三行四十四字。

图 6 1977 年盛夏，笔者在马哈只墓碑前留影。此时的墓碑尚未被列入国家重点文物保护单位。

墓碑立后五百三十多年，两侧新立青石碑，《云南省志》第六十二卷《文物志》记载道：民国二十四年（1935）重修马哈只墓时，墓碑两侧新立青石碑，“右侧碑刻夏光南所撰《郑和太公墓志铭跋》；左侧为武良英书刻《明史·三保太监郑和传》”，内容是“对郑和家世及有关事迹的考释”（按：该书对《明三保太监郑和传碑》的撰写者，有的地方又标明是清乾隆举人师范〔荔扉〕据《明史·郑和传》撰写）。

1935年立的这两块青石碑仅过十年就被替代。有文章写道，1935年立的碑因“垣基尽圮。1944年，云南人彭嘉霖、昆阳县县长李群杰又于原址重建碑亭”，马哈只墓碑左右两侧新立了袁嘉谷撰的《昆阳马哈只碑跋》以及郑和撰的福建《天妃灵应之记碑》，“此二碑后来也佚失”。那么马哈只墓1959年重修时，墓碑两侧所立的碑是曾经有过的四块当中的两块，还是新的？我1977年所见的那两块青石碑，是否1959年所立？如今的郑和公园内有郑和纪念馆，答案在馆内能轻易找到，我没去找，而让我挥之不去的是三块碑各自的命运。

自清末马哈只墓碑被发现以来，云南史学家们对《故马公墓志铭》的铭文本身一致不看好，认为其空泛。铭文作者李至刚在他所在时代甚至到清代，历史书写中的他一直是个“品行不端、趋炎附势之徒”，人品影响到铭文是没说的了。可现实是，《故马公墓志铭》一撰定音就没变过，墓碑一立六百多年也没倒，除郑和族人为了避害把墓碑埋藏于墓前的短暂几十年。相反的是墓碑两侧的石碑，不到百年已换三茬。每回立新碑，即由昆阳父母官亲立，由地方名人撰碑文，甚至把郑和撰文并亲自立于福建的《天妃灵应之记碑》也一模一样地镌刻后立于马哈只墓前，但十年后便不知去向。墓碑一立六百多年不变，侧碑不到百年几番更迭，诡异得令人无语：没有一立几百年的马哈只墓碑，郑和身世真就成一个谜了。莫非是历史有情，让该留的留了下来？

故马公墓志铭

公字哈只，姓马氏，世为云南昆阳州人。祖拜颜，妣马氏，父哈只，母温氏。公生而魁岸奇伟，风裁凛凛可畏，不肯枉己附人。人有过，辄斥无隐。性尤好善，遇贫困及鳏寡无依者，恒保护赒给，未尝有倦容。以故，乡党靡不称公为长者。娶温氏，有妇德。子男二人，长文铭，次和。女四人。和自幼有才志，事今天子，赐姓郑，为内官监太监。公勤明敏，谦恭谨密，不避劳勚，缙绅咸称誉焉。呜呼！观其子而公之积累于平日与义方之训可见矣。公生于甲申年十二月初九日，卒于洪武壬戌七月初三日，享年三十九岁。长子文铭，奉柩安厝于宝山乡和代村之原，礼也。铭曰：身处乎边陲，而服礼义之习；分安乎民庶，而存惠泽之施。宜其余庆深长，而有子光显于当时也。

时永乐三年端阳日资善大夫、礼部尚书兼左春坊大学士李至刚撰

我在鲁美的学习与生活

周 建

在我考取沈阳鲁迅美术学院之前，由于出身不好，知青招工和工农兵上大学都轮不到我。我学画是为有一技之长，或许将来能当上工人，那是我唯一的寄托。后来，有“顶替政策”出台，母亲提前退休，我接班做保育员，有了一份正式的工作。然而，我并没有放弃学画，七年多后，终于与我的同代人一起迎来了1977年的恢复高考。于是，我夜以继日地准备，此前我四次改变命运的机会都成泡影，所以，又一次踏上求学之路，好比一道曙光照耀在心中。幸运的是，我赶上了这班车。

我们是特殊的一代人。我当知青五年，保育员四年，二十五岁才上大学。同学之间相差十二三岁，有插队多年的知青，甚至已当孩子妈妈的老高三知青，也有钳工、焊工等，最幸运的当属应届高中生，就是这样经历截然不同的人汇聚在了一起。

1977年12月10日考试，1978年3月5日入学，我们这届一共六十五人。绘画系中油画专业十二人、国画专业十五人、版画专业八人，工艺美术系的装潢专业十五人、我们染织专业十五人。1982年1月毕业。1982年有两届毕业生。实际我们应该于1981年暑期毕业，晚了半年，仍被称为“1977级”。

1978年3月10日开学典礼上，由我们的校长张望先生讲话，他曾是延安鲁艺美术部教员，聆听过毛泽东在延安文艺座谈会讲话的老一辈艺术家。他向我们介绍说，学院前身是“延安鲁艺”，特别强调鲁艺校训：“紧张、严肃、刻苦、虚心”；还幽默地说：“小米饭配天上时有的飞机汤。”

学院汇集了一批老艺术家在各个系里，如理论专业的李浴、马文启，油画专业的宋惠民、任梦璋，国画专业的王盛烈、王绪阳，装潢专业的周绍淼，染织专业的乌密风。

记得入学第一天，油画系较年轻的王钰珉老师的水粉画展，给我留下深刻印象。他的画画幅不大，且意境悠远，淡蓝天空飘着几朵白云，绿调山村背靠蓝色山脉，再远一抹淡紫色山影，空间深远、独具匠心。还有一幅，木桥在松林与阳光下，一叶扁舟荡漾溪流之上……他的画很有俄罗斯巡回展览画派代表人物列维坦的画风。后来，他给我们染织专业上人物色彩头像写生课，讲配色规律，我受益匪浅，至今，老师的声音还在我耳膜中震荡，“画额头粉绿配土黄……”

素描是美术学院各个专业的基本功，当时以契斯恰科夫素描教学体系为宗旨。油画教学老师还把苏联列宾美院素描作品照片给学生观摩，美术史类课程均配有幻灯片，专业课老师刘淑仪给我们油印她的讲义。国画专业高向阳同学现在回忆起许勇老师授课态度，感慨“真诚可昭日月”。

我们的国画课老师是郭西河教授，他是我国现代著名小写意花鸟画家王雪涛的关门弟子。郭西河老师上课常以亲自演示为主，边画边讲。他画花朵向背有之，枝杈开合有序，遒劲飘逸，非常传神；构图气势放达，交错纵横，繁而不乱；常讲“意在笔先”“以形取意”“形神兼备”。老师总在强调：“笔墨干、湿兼备，运笔中间气韵不能断，用笔切忌轻浮，用笔应疾徐适宜”。至今，我还不时想起郭老师阐述的“谢赫六法”。

人体解剖学课程中，马老师把人体骨骼标本抬到了教室，详细介绍人体骨骼的构成，还解析各肌肉群造型特征。至今我在教服装设计人物图表现技法中，仍得益于老师讲授的人体知识与理论。当时，老师都推荐过美国人佐治·伯里曼著的《艺用人体结构》和人民美术出版社出版的参考书《人体与绘画》（佐治·伯里曼著）。

从中西美术史和中国工艺美术史的学习中，我才知道中国和西方绘画具有很多差异性，工具纸张上的不同之外，主要是理念的不同。西方绘画首先在空间塑造上，尊重科学，讲究透视原

理，利用焦点透视法构图，客观地描绘物体外形；而中国绘画重视主客观统一，关注意念与线条笔墨的传达，应用散点透视法去经营位置与构图。中国绘画可以多视点描绘事物，尤其在壁画表现中。概括地说，西方绘画偏向写实，中国绘画偏向写意。

当时，我们都觉得学习机会来之不易，如痴如醉地沉浸在学习之中。沈阳冬天寒冷，早晨仍有同学到室外画雪景，我也加入校园写生的队伍，鲁迅雕像在白雪皑皑中凝视着我们。晚上，同学们又集中在油画专业的男同学宿舍，轮流当模特，相互画人物素描头像。

难忘的还有，在鲁美的第一年主食多是玉米面窝头，早餐中咸菜一分钱的价持续了很久，午餐主食馒头配一菜一汤。大

图1 沈阳鲁迅美术学院1977级学生与老师毕业合影。第一排左起第十一位是张望校长，第二排左九是笔者。

米饭红烧肉过节时才有。即使在这种情况下，我们还得到国家发放的助学金，一等是二十二元，二等十二元，三等为九元，我拿到了二等助学金。

我们的精神并不匮乏，老师为我们扩展视野和提高艺术修养，多次组织观摩外国电影，比如《列宁在1918》《天鹅湖》《基督山伯爵》《佐罗》《简·爱》《奇普里安·波隆贝斯库》《钦差大臣》等；还有许多国产片，如《冰山上的来客》《天山的红花》《万紫千红总是春》《回民支队》等。还有一次，特邀请沈阳音乐学院的教授讲交响乐欣赏，教授特意分析了序曲作用与全曲的结构关系。我至今还记得贝多芬《命运交响曲》第一乐章中那猛烈的四个音，铿锵有力的旋律仍在耳边缭绕，仿佛命运在敲门，展示了贝多芬内心充满愤怒和向封建势力挑战的坚强意志，这一切犹如昨天。我们在这种浓浓的艺术气氛中成长着；积蓄着。

鲁美老师亲切又严格。有一天，我在图书馆发现一本鲁迅编印的《比亚兹莱画选》，被那惊世流畅的线条和完美的黑、白、灰表现所震撼，立刻办理好借书。书拿到手，决心全部描摹下来，留作以后深入研究。鲁美借阅制度非常严格，晚一天归还都要受到图书馆张浩老师的批评，所以我就想着一定不能拖延还书时间。晚上10点宿舍准时熄灯，我手持电筒在上铺上偷偷作画，不一会儿工夫，窗外有人喊我名字，我慌忙关闭手电筒，趴在玻璃上向下看，原来我们体育老师于维新和另一位老师在查夜，他们怎么会看到是我这里有亮光？

那时学校里经常有舞会，鲁美的老师多擅于此，舞姿舒展而优美。据说延安鲁艺也有舞会。我们亲眼看过张望校长与妻子跳舞时特别投入的状态。我比较土气，不会跳舞，而教我们

图 2 1980 年元旦化妆舞会上，我和李丽合影。

工艺美术史的和兰石老师便从慢四步教起，随后快四步、快三步。此后，喜爱音乐的阿淑同学，还编导了《蓝色多瑙河圆舞曲》的集体舞蹈，我们班在全校演出。

在老师们的精心教授下，我们的审美以及艺术素养都在潜移默化中得以提升。1980 年元旦化妆舞会上，同学们各显神通，因人而异，塑造巧妙，令人目不暇接。国画班的脚蹬马靴、着一身黑披风、蒙眼者率先登场，同学们都在猜这是谁呀？太像"佐罗"的造型了，侠客戎装，威武神秘。一位穿印度纱丽的女子出场，额头那颗痣，可谓画龙点睛之笔。不多时有位"日本和服女子"，面部扑了白白的粉，小包袱卡在后腰间，一踮一踮地出现在同学视野中。装潢专业的一男一女扮成国王与王后亮相，扮演王后的是李丽同学，气质酷似王后，我和李丽很要好，留下了这幅珍贵的照片（图 2）。晚会继续，好像中世纪城堡人物，待最精彩的"小丑"一出现，全场喧闹声此起彼伏，我们在猜测中兴奋不已，在游戏中展示自我。

1980 年中国处在改革开放初期，西方文化渐入，衣着打破蓝黑灰调，漂亮印花布上市，我率先在鲁美穿上了大喇叭裤子（图 3）。不仅如此，我和阿淑同学给全年级同学做了很多条大喇叭裤和裙子。后来，索性将团委的缝纫机抬到了我们寝室，基于这些行为，毕业后我和阿淑真的从事起了服装教育工作。

一晃四年，要毕业考察实习了。近七十岁高龄的李桢泰老师率领我们先到北京走访有关印染企业，还参观了十几个画展，游走北京园林，观摩古典建筑，也开阔了我们的视野。之后，我们进入天津第二印染厂实习。李老师曾在日本留学，一生研究“色立体”，我一直记得他老人家不厌其烦地介绍色彩的奥秘，还语

图 3 穿大喇叭裤子的我和穿花裙子的同学合影。左一是笔者。

图 4 李桢泰老师与我们在北京颐和园合影。

重心长地对我说："周建，一生必须写一本书。"老师的嘱托像一道深深的印痕刻在我的心里。图 4 是李桢泰老师和我们染织班同学在北京颐和园合影。我在老师右边，挽着李老师的左臂。

日月如梭，光阴似箭。如今，我们鲁美 1977 级同学已是七十岁左右的人了，伴随着祖国改革开放的浪潮，同学们若干年来在各个领域奋斗拼搏，都取得了辉煌的业绩。我也在耕耘中收获，写作了五本专业著作、十几篇论文，指导无数学生摘取国际、国内服装设计大赛奖项。可以告慰老师的是，我们没有辜负老师对我们的培养。

老师，你们辛苦了！同学们，我好想念你们！

考寻恐龙记

英 子

1988年8月，一支由长春地质学院博物馆馆长刘翰带队，林泽蓉（刘翰夫人）、程新民、金利勇、汪筱林、王希庆、孙志功等组成的恐龙科考队迅速成立。但是，就在一切就绪、科考队就要出发时，赞助人李萍先生（长春地质学院1954年专科毕业生）提出了新的要求："经费我当然会全额赞助，但条件是，要在挖出恐龙化石之后！"

这一下，给了这支完全没有经费来源的科考队一个大难题。两手空空啊！去，还是不去？挖，还是不挖？

一贯有着开拓精神的长春地质学院院长张贻侠果断拍板："一定要去，先向开发公司借钱（不过区区数千元，在当时却是难倒人的数目），等挖到恐龙化石后再还！"

博物馆的一辆平均时速不过三十多公里的旧吉普车，装上考察队的全部装备和生活用品，还有九位（又加上了黑龙江博物馆的魏正一、杨大山）队员，在刘翰馆长的带领下，向着位于黑龙江边的嘉荫县龙骨山驶去。而这九个人除了程新民曾在中国科学院进修过恐龙专业知识外，其他人都不是研究恐龙的专业人员，对此行能否真的找到恐龙化石，是不是能把一条大恐龙“牵回来”，大家心情忐忑。

龙骨山，位于黑龙江伊春右岸小兴安岭北部的低山丘陵边缘地带，嘉荫县的太平沟河口与二号亮子之间。这座矮小的山体，北接黑龙江，与俄罗斯隔江相望，总面积为38.44平方公里。在区位构造上属于嘉荫凹陷带，坐落于老爷岭地块中元古界黑龙江群变质岩系的基底之上。这里的恐龙化石群产于白垩纪中晚期的陆相碎屑沉积岩中。回首上亿年前的龙骨山，曾是一片温暖湿润、水源充足且出现了最早的被子植物（开花植物）的动植物乐园，大大小小的恐龙们在这里安下家，逍遥自在。几番沧海桑田之后，恐龙们庞大的身影已在地球上消失了6500万年，但是在嘉荫龙骨山一带，由于黑龙江水侵蚀而造成的两岸地层的不断剥蚀，时有恐龙化石被冲刷出来，让人类对这种早已灭绝的动物有了近距离的认知。据史料记载，1902年的一天，俄国一位名叫马纳金的上校军官到黑龙江边打猎游玩，无意中被一块“石头”吸引。他把捡到的几块特殊“石头”带回城里鉴定。鉴定结果大出所料，原来，这是白垩纪中晚期的恐龙骨骼化石。

从1915年至1917年,俄国人来到黑龙江畔叫白崖的小渔村，进行了连续三年的大规模考察和发掘，还将一批恐龙化石偷运回去。1925年，由苏联专家列宾宁（Riabinin）研究后将这批化石定名为“阿穆尔满洲龙”。

进入20世纪70年代，黑龙江博物馆的古生物工作者又在嘉荫龙骨山的渔村一带发掘出一千多件恐龙化石，并装架成三具较完整的恐龙化石骨架，这些化石分别陈列在黑龙江省博物馆、中国地质大学博物馆。

种种现象说明，黑龙江省伊春市嘉荫县的龙骨山应当是恐龙化石富集的地区。

几天后，科考队到达靠近龙骨山黑龙江岸边的一处森林武警的驻地，等候已久的武警战士七手八脚搬运设备，帮助科考队安顿下来。隔江相望，碧水青山，就是令人心驰神往的“恐龙圣地”龙骨山。

九名队员，每天早晨带上干粮和挖掘工具，乘坐渔民的小船渡过太平沟河，钻进事先定位的龙骨山一处拐角的三角断崖下面，在气候闷热、蚊虫成团的丛林里进行漫长而沉闷的恐龙化石发掘。

一年前，地院与黑龙江博物馆一行七人的恐龙先遣队曾进入龙骨山考察，目的是要确定几处发掘的准确点位。两天后，队员程新民在一条被水流冲刷的河沟里发现了大量恐龙碎骨，就将其定为一号点。

之后，金利勇随手从树丛里捡起的一块小石头被确认“霸王龙的牙齿”，因此这处地点被确定为三号点。这种偶然和巧合，简直与俄国上校马纳金发现恐龙化石的情形一模一样。那枚金利勇发现的霸王龙牙齿，至今还保存在地院博物馆里。

这一次发掘，正式开始于立秋时节，东北地区连绵如丝的秋雨如约到来。

由于准确的前期勘查定位，这支工具简陋的科考队成绩显著。

十几天后，队员汪筱林的铲下，一根黑油油的长约 1.3 米的完整的恐龙股骨从土层里暴露出来，这是大家第一次挖掘出完整的恐龙骨骼。顿时，发掘现场沸腾起来，40 名前来协助挖掘的武警战士尖叫、跳跃、欢呼、扔帽子，为终于见到恐龙的真容而兴奋不已。随后陆续出土的这批嘉荫恐龙化石，呈深褐色或黑色，质地坚硬，石化程度很高。造成这种状况的原因很

图 1 1981 年，正在长春地质学院读书的金利勇（左），是一位全省大学生运动会上的铁饼冠军，这是他和他的女教练刘瑞英老师在运动会上的合影。

可能是恐龙化石处于含油层位的砾石中，在地下石油的长期浸泡中，化石也变成了油黑色。

股骨、胫骨、脊骨、肋骨的接连出现，使得大家都在期待着一个更大的成绩：恐龙头骨、特别是带有牙齿的恐龙头骨的出现。

此时，奇迹已在二号点的土层里默默等待。

这一年，二十八岁的金利勇也将迎来他生命中最重要的时刻。金利勇十八岁考入长春地质学院，毕业后留校任教，主要从事博物馆及古脊椎动物研究。他的那双发现化石的“火眼金睛”，正是在这样的古生物挖掘实践中一步步锤炼而成的。

几天后，在二号点上，金利勇的铲子触到了一个坚硬的大骨骼，继续挖掘，出现的是一个恐龙的大眼窝。“恐龙的头骨真的要出现了！”金利勇抑制住如鼓的心跳，用小毛刷、小竹签，轻轻地拨开那沉睡了亿万年的泥沙。

在恐龙骨骼中，最有价值的是恐龙的头骨，而在恐龙头骨化石里，最有价值的是恐龙的牙齿。有了头骨和牙齿，就可以更好地确定恐龙的种类，得到更加具体详细的一手资料。那么，这个即将出土的恐龙头骨会不会有完整的头冠，会不会有牙齿呢？

当那双跨越亿万年的黑眼睛（准确地说应当叫黑眼眶）与年轻的金利勇隔空相望时，真真把他震撼了。

这真的是一个有头冠的、有牙齿的恐龙头骨啊！挖掘现场一片欢腾！

科考队里唯一的女性林泽蓉，原是一位资深的孢粉化石学专家。林泽蓉的专业孢粉知识在此行中发挥了极大的作用，每当遇到珍贵化石出土，都由林泽蓉确定地质层位，登记造册，打石膏固定装箱。女性的细腻再加上科学家的精准，使这批珍贵的化石都能被毫发无伤地挖掘出来并运出山林。

午饭往往成为一天最浪漫的时光，江水拍岸的山崖成了天然的露天大厨房，挖个土坑，再支口大锅，随手捡来的柴草烈焰熊熊。司机孙志功喊来江上的渔船，买几条刚刚打上来的活蹦乱跳的江水鱼，就着江水洗净了下锅炖煮，不一会儿，一锅清亮鲜香的鱼汤让人嘴馋心动。秋雨中的木耳长势奇好，孙志功从树林里采来一盆新鲜的木耳，择了洗了，配上几个鸡蛋一炒，大森林的清香顿时飘散出来。那一阵，劳累的人们吃得特别香，也特别多。

不浪漫的是江边蚊虫太多，一团团地从树林里涌过来，黑云压顶，挥之不去。最让人难以对付的是个头很大的瞎蠓(牛虻)，咬人又快又准又狠，一盯一个大包包。无奈之中，司机孙志功拢起湿湿的艾草，滚滚浓烟让蚊虫四散而逃，大家方能安心工作。

此次恐龙发掘历时49天，共运送土方760立方米，收获各种化石427件。满满一卡车的大木箱里，承载的是科考队的梦想和辛劳。

12月末，恐龙化石在黑龙江博物馆经过简单的整理后，正式启程运到长春。也许是两具恐龙故土难离，车行至德惠米沙子一带还出了点小故障，导致孙志功和金利勇深夜烧柴修车，真真冻得够呛。下半夜的三四点钟，这辆老旧的、装载珍贵的恐龙化石的卡车，总算在全体博物馆同志们望穿秋水之中爬到了长春，恐龙终于平安地到达了地院博物馆。

图2 龙骨山下的恐龙发掘现场，金利勇面对镜头开心地笑着。

1991年1月，持续一年的恐龙化石的室内修复和装架工作开始了。刘翰、金利勇等人负责将残损的龙骨用石膏补齐后，让恐龙有了外观完整的骨骼。博物馆专门请来地院探工系的专业人员郑武，为恐龙量身设计了巨大的支架。经过一年的努力，这只头颅顶着天花板、前臂张开做捕食状的大恐龙终于稳稳地站在了展台上，开始用它那亿万年前的黑洞洞的目光，注视着一群又一群好奇的来访者。

1992年8月，正值长春地质学院建院40周年，紧张的恐龙装架工作顺利完成，地院博物馆里从此有了知名而响亮的镇馆之宝。如今，走进博物馆的观众都可以看到，馆内正中陈列着一大一小全身呈黑褐色的两具嘉荫恐龙化石，大恐龙骨架长11米、高6米，仰首作跃起捕食状，其含真骨量达70%，属国家一级珍贵文物。依偎在它身后的小恐龙身高2米、体长4.5米，真骨比例约占40%。这两个生活于距今6500万至7000万年的大家伙，如今像一对亲爱的母子那样站在了一起，大家就亲切地称它们为“母子”嘉荫龙。

1992年夏季，爱国华侨李萍先生及夫人朱虹女士一家特地到长春地质学院博物馆参观这具恐龙化石，并捐资5万元人民币全额赞助了此次科考行动。不仅如此，李萍夫妇还慷慨解囊，在地院设立了“五四青年地质学家奖”，奖励那些未来的品学兼优的青年地质工作者。

如今，30多年岁月如梭，60多岁的金利勇已经退休，那个给当年的地院科考队带来无限惊喜的嘉荫县龙骨山，早已成了一座恐龙国家地质公园，成了一个让观众窥探地球演化和晚白垩世大型爬行动物灭绝秘密的巨大平台。

爸妈的人生印迹

文 苇

我的父亲是山东昌邑双台人，出生于1928年。小时候，我奶奶早逝，我爷爷又娶了个继室。听说我爷爷经商，是个小业主。父亲倍受后妈的虐待，和我大伯兄弟俩相依为命。父亲脾气倔强，因受不了那份气，十三四岁就从家里跑出来，1945年2月参加了革命，加入了八路军的武工队，在胶东渤海湾一带活动。兄弟俩相继加入了中国共产党。

小时候我听父亲讲过他在武工队所经历的几次惊险战斗，曾被日伪军包围，于枪战中突脱，风餐露宿钻高粱地，绑腿布里都长满了虱子……我当时年龄尚小，记住得不多，等我长大记事后，父亲却再也没有讲过。父亲在战争年代养成的两个嗜好喝酒、抽烟，一直保留到他的晚年。直到最后几年查出了支气管炎、肺气肿，才渐渐戒掉，但为时已晚。父亲虽在2010年去世了，但也见证了两个孙子的长大成人，上大学和参加工作。

1947年父亲担任我军地方上的工商检查站主任，1948年济南解放后，随部队进驻济南从事军队接管的税务工作，担任税务所分所长。1949年随大军南下进驻上海，担任上海税务分

图 1 1949 年 7 月，父亲在上海外滩百老汇大楼前。

局稽查队队长，当时称呼为课长。

父亲比我母亲早一年进入中国人民大学学习，那是 1951 年。四年的本科学业毕业后，父母都到北京俄文专修学校进修。原是准备到苏联去深造的，不知何故没能去成。我年轻时记得听母亲讲过，好像是因政审中我爷爷的成分问题或是父亲的犟脾气，爱给领导提意见，被取消了去苏联深造的资格。

听母亲说，她是在大学球场上打球时认识的父亲。没想到母亲还打过篮球、排球，可我从没见她打过。但是父亲爱好打篮球是有老照片为证的（见图 3），而且我也见过，那是在父亲离休后，我们宿舍院里有个篮球架，我和儿子练投篮时，父亲经过，便也顺手投了两个球，颇见功底。

1954 年 7 月，父亲和母亲在大学时就结了婚。两年后有了他们的第一个孩子，我大哥。次年有了我。四年后有了我弟弟。

父亲大学毕业后被分配到山东省计委、省统计局工作，曾担任科长、主任、处长、副局长等职务。1988 年，先后被聘为省统计专业职务中级评审委员会副主任委员和省统计专业职务高级评审委员会委员。1990 年离休。离休后担任离退休干部党支部书记五年，所在支部还被评为省直机关与局里的“先进党支部”。

我的母亲是山东滕州人，出身于一个大地主家庭，是大户人家的三小姐。因为我姥姥只生下了三个女孩（好像生过一个

图2 1953年北京俄文专修学校结业，二部二十三班同学和苏联老师合影。三排右二是父亲。

男孩，夭折了），无法传宗接代，我姥爷便娶了二房，陆续生了五六个儿女。由于封建家族中重男轻女的风气，我母亲年轻时不愿待在那个大家庭中，便到济南等地求学。中途曾因病返回家中疗养，病好后还是和大舅等村里的几个年轻人外出求学。后来母亲经亲戚介绍，跑到南京去参加了革命工作，入伍在南京二野军政大学。

二野军政大学建立于1949年5月，二野刘伯承司令员和政委邓小平从当时全国解放战争即将胜利的大局出发，提出了建军、建政迫切需要大量的干部，要尽量吸收、教育、培养知

图3 1953年，父亲摄于北京俄文专修学校篮球场。

图 4 1954 年 7 月，父母在中国人民大学时的结婚照。

识青年，为军队建设和地方政权建设输送大批优秀干部的战略任务。刘、邓首长还亲自登上讲坛，为在南京吸纳的一万两千多青年学生讲课。解放军进军西南后，总校设在了重庆歌乐山林园。1950 年 4 月改为西南军大。1951 年再次更名为解放军第二高级步兵学校。

为歼灭退守西南的国民党军有生力量，解放全中国，由刘伯承、邓小平、贺龙统一指挥第二野战军主力和第一、四野战军一部，于 1949 年 11 月 1 日正式吹响了解放大西南的号角，向国民党残余势力发动了军事打击。刘、邓、贺指挥的六十万军队仅用两个月的时间，便横扫西南诸省，歼敌九十余万，一举粉碎了蒋介石企图建都重庆，固守西南的梦想。

母亲当年随部队南下入川，进军大西南。每个人的家当就是一床小被、一双鞋、一个军挎包，吃饭的碗系在腰带上，部队日夜兼程徒步急行军，翻山越岭，从初时的日行近百里，到最后提速到一百三十余里，很多战士的脚上都磨起了血泡。有些新入伍的小战士犯困，只好用手抓着前面老同志的腰带边走边睡。

我母亲随部队到重庆后，于1950年3月在西南军政委员会人事部工作，还随工作队深入乡村进行了减租减息、土改等工作。

新中国成立后，急需大量的有知识的人才来建设国家，恰好中国人民大学来部队招生，母亲便给当时的人事部部长说了自己的心愿。

那时的部队领导很开明，没有一点官架子，也很支持，部长说："很好啊，你这么年轻，应该去大学深造。"就这样，1952年母亲和其他一些战友进入了中国人民大学学习，专业是工业经济。

听母亲讲，在当时的大学里，学习气氛非常浓厚，一年有

图5 1950年1月，南京，我母亲（前排右一）在二野军大十三大队六中队四小分队时与战友合影。

图6 1956年，中国人民大学工业经济系毕业合影。前排左四是母亲。

寒暑假，还有毕业实习。在大学的食堂里有大餐、中档餐和小灶；大餐就是大锅菜，中档餐是四菜一汤，蛋、鱼、荤、素都有，在新中国成立初期还是挺丰盛的，每月有二十五元的补助。

母亲工作后定为二十级，工资五六十元，一直维持了数十年。四年本科毕业后，母亲于1956年9月被分配到山东省手工业管理局工作，后改为山东省第二轻工业厅，1984年办理了离休。

图7 1958年1月，省二轻系统第一批下放干部到生产第一线时合影。前排左二是母亲。

图8 1984年，母亲在山东省二轻厅任幼儿园园长时和老师、孩子们合影。

图9 老两口含饴弄孙，和大孙子玩耍。

母亲一生勤俭，虽然出身于大户人家，却没有丝毫的“小姐样”。她耐劳肯吃苦，工作上勤勤恳恳，吃苦在前，任劳任怨，这在单位上是公认的。20世纪70年代，还曾作为无党派人士被评选为区人大代表。

十二年前，我在山东老干部之家图片社制作了一本家庭相册，把家里收藏的家庭老照片七十余张汇集编辑，借我父母结婚五十三周年之际，印刷成册。按照片的年代划类，我分了五个部分，分别是：我的父亲、我的母亲、组建家庭、三世同堂、离休后的生活等。每张照片都附上文字说明。

从这一本精简普通的家庭相册里，也能客观地反映出我国五六十年以来的历史遗痕。无论从照片的背景和色彩，还是从人物的衣着、发式的打扮上，都能窥测出那个过去的年代所曾有的痕迹。

我相信，人的肉体会逝去，但遗留下来的精神遗产将会世代流传给子孙后代们。

父亲的戎装照

丁春林

我的祖籍是山东淄博市博山区石炭坞向阳村。我的曾祖父经营煤矿，爷爷丁培堂十多岁的时候，突然有一天下起了大暴雨，矿井进水，下面的七八个人命丧黄泉，其中有爷爷的哥哥，就这样曾祖父被吓得大病一场去世了。随之家庭败落，曾祖母也早早离世，十三岁的爷爷只好一个人来到山头庄的窑场干活，慢慢学会了制作陶碗的手艺。

1931 年 1 月父亲丁隆昌出生，七天后，我的祖母得了产后风去世了。出殡的那天大雪封山，乡邻、工友踏着没膝的积雪，把棺材抬到山头庄万松山百姓乱葬的凤凰咀处。父亲没有奶吃，爷爷就用面粉做的粥喂养父亲，用小勺无法送到父亲的小嘴里，爷爷就用粗糙的手指喂养。不久，父亲的小嘴被爷爷粗糙的手指磨肿了，父亲哭闹，爷爷没有办法。我的老姑家住八陡镇阁子前村，也是刚生了孩子不久。她踏着大雪步行五里路来到山头庄，看到她弟弟父子如此凄惨，无比悲伤。二话不说，脱下自己身上的棉袄包起父亲就回到八陡。就这样，父亲是吃着姑姑的奶水长大的。我那可怜的爷爷、父亲，命运是如此凄惨。

父亲五六岁的时候，才回到山头庄跟着爷爷一起生活。他

图1 爷爷丁培堂

图2 奶奶孙兆华

们爷俩在哪个窑厂干活就在那里吃住，没有自己的家。后来爷爷又娶了把我养大的奶奶。爷爷知道识字的重要，就让父亲上了几个月的学。由于家里贫穷，十二岁的时候父亲就在万松山北面东沟街的一个窑场做了学徒工。一天中午快吃饭的时候，爷爷给父亲五分钱，让父亲到街上买四分钱的豆腐、一分钱的酱油，这就是中午的饭菜。父亲拿着碗从窑厂出来，碰到两位比他大的玩伴，其中一位叫李玉久的大哥，平时和父亲是要好的朋友。他们悄悄把父亲叫到一边说："咱们去南坡玩吧，去捉蚂蚱。"父亲说我还没有吃饭，他们说我们都买好了，你看，有油饼、有火烧，够咱们三个吃的。于是，父亲把买豆腐的碗一扔，说走就跟着走了。

三人从万松山下出发，走过西庄村来到土门头村，父亲就饿了。三人吃饭后，顺着白杨河越走越远，一直到了樵岭前村。

图 3 父亲在台儿庄附近的乡村照相馆留影。摄于 1949 年。

父亲觉得不大对劲，就问这是去哪儿啊？两位大哥说那边的蚂蚱多，他们就继续往池子村那边走。当时山头庄属于敌占区，池子村就藏有武工队，是八路军活动频繁的地方。村里的路口都设有暗哨，有民兵站岗、放哨，他们三人一进池子村，就被扛着红缨枪的民兵拦住盘查，那个家住马公祠叫李其云的大哥上前和他们嘀咕了几句，武工队员就带他们三人去了莱芜台头村一带找八路军。

他们来到茶业口镇峪门村，正好大集散去，便衣打扮的部队首长接待了他们，领着他们去了大王庄镇。他们走了太多的路，饿得不行了，先吃饭，每人一大碗面条，还有馒头。他仨狼吞虎咽，饱餐一顿。部队上的领导看到父亲很瘦小，还不如步枪高，就对他仨说，你们两个可以参加八路军，他太小了，我们不要。这下两位大哥可急了，说我们是一块来的，要留一块留，要走一块走。部队领导很为难，又考虑到他们是从敌占区来的，再回去非常危险，就把他们三个人都留了下来。随后，那两位大哥去了连队，扛枪作战，父亲被安排到八路军的后勤工厂卷烟。

这里是八路军的后方，在大王庄有榨油厂，在青合圈村有卷烟厂，他们的产品部分供给部队，剩余的就到大集上出售，为八路军筹集军费。青合圈村在深山里，周围是茂密的树林，日本鬼子来了三年，竟不知道有个青合圈村。

父亲刚到卷烟厂时，还是一个孩子，干完活就经常和村子里那些一般大的孩子在一起玩耍，为此，还结拜了一位干娘。那时父亲小，不会照顾自己，干娘是位好心人，可怜父亲，就经常在生活上关心他。我想，这就是我们经常在小说、电影里看到的那种“军民鱼水情”吧！

图 4 50 年代的戎装照

卷烟厂的人都夸我父亲心灵手巧，活儿一学就会。因为，他来参军之前已在山头陶瓷窑炉上跟师傅学习制作陶碗等手工活。村里人把我父亲称作是城里人，因为人们知道博山是工业城市，而且他穿的衣服是学生装，上衣口袋还插了一支钢笔，就显得时尚一点。

有一次日军到莱芜根据地“扫荡”，部队撤到山区，父亲留在老百姓家。房东对进村的鬼子说，这是我的干儿子，躲过了搜捕。他们三人中，家住马公祠的李其云大哥在第一次战斗中就牺牲了。从此，父亲知道了战争的残酷。

再说家里。爷爷等了很长时间也不见父亲买豆腐回来，就到街上找人。卖豆腐的说没看见，爷爷慌了阵脚，围着山头庄找遍了也没见人。到了晚上一位邻居来说，见到他们三个孩子一起往西边走，不知去哪儿了。就这样，一去几个月没有音讯。爷爷就这么一个孩子，是吃他姑姑的奶长大的，好歹把他拉扯大，现在找不到了，可想而知，爷爷一定非常着急，一定非常想念

图 5 1963 年，家庭合影。摄于博山泰云照相馆。

他这个唯一的孩子。

那时候交通不便，通讯闭塞，但是爷爷一有机会就四处打听父亲的下落。每当有从莱芜一带来山头镇购买陶瓷产品的商人，他就让人家帮忙寻找父亲。有时候爷爷挑着陶瓷产品去

图 6　1961 年，家庭合影。摄于徐州。

莱芜口镇大集上卖，晚上住在那儿，也不断地打听父亲的下落。大约半年后，终于有地下武工队员捎来口信，说父亲在莱芜一带，参加了八路军，在那边很好，让他放心。虽然如此，家里没有见到人，还是放心不下。于是奶奶在地下武工队员的带领

图7 1962年，战友合影。摄于徐州。前排中间为父亲。

图8 1962年，军医班战友合影。二排中间为父亲。

下，去莱芜根据地看望父亲。奶奶是半小脚，缠脚后受不了那个疼痛和约束，自己就偷偷放开了。奶奶大胆泼辣，挎上篮子装扮成回娘家的样子，爬山越岭去了莱芜。到了根据地，父亲正在卷烟。武工队员说：“小丁，你娘来看你了。”父亲根本不相信，以为他们是在开玩笑。路途遥远加上日本鬼子的“扫荡”和封锁，一个女人很难来到这里。当奶奶真的站在他面前的时候，他惊呆了，不敢相信自己的眼睛。当奶奶呼喊他的小名的时候，他哭着扑到奶奶的怀里，而那个时候的父亲还是十三岁的孩子啊！奶奶看到父亲在根据地很好，也就放心了，住了一宿就赶快往回走。这时，父亲非要跟着奶奶回家，奶奶说：“不行啊！那边的汉奸都知道你是八路军了，他们要抓你，回去就没命了。”

八路军的便衣送奶奶到博山马公祠村附近，说：“我们只能送你到这里，你自己顺着小路往前走就是博山城了。”于是，奶奶告别武工队员，自己一个人匆匆往家赶路。可是，刚下了山不远，就看到一队日本鬼子往山里来“扫荡”，奶奶赶忙爬到山上的一块大石头后面躲了起来，看到鬼子走远了，才匆忙往家里赶。

自从父亲参加了八路军后，爷爷和奶奶在家里整天挂念，一听到枪声心里就慌，汉奸保长也经常到我家去骚扰、敲诈勒索，打那奶奶就落下了心脏病，爷爷落下了一听到枪声就拉肚子的病。两位老人没有“良民证”，胸前挂着“匪属”的牌子，进进出出都受到歧视，进博山城更是要严格盘查。那个时候，伪政府对博山民众实行了“连坐法”，就是五户人家为一个小组，互相监督，一户有事五户牵连。因我们家是“匪属”，没人敢与我家连坐，两位老人受尽了折辱。

图9 20世纪70年代，父亲（右）在济南铁路医院“支左”。

有一次，父亲的部队要经过山头庄，八路军的便衣提前来告诉了爷爷，让爷爷与我父亲见上一面。老两口早早就在街上看着八路军的部队行军，当父亲的队伍过来，就到了吃晚饭的时候，正好部队下命令住在山头庄。我父亲虽然到了家乡，但是不能回家住，他们都是住在老百姓的门楼下或杂物间，不给老百姓添麻烦。那时，父亲的腿部感染，无法行走，战友们用担架抬着他。看到父亲负伤，老两口赶紧回家给我父亲下了一碗鸡蛋面。这是父子分别后，第一次相见。明明是父子，却像陌生人一般。爷爷一直责备父亲的不辞而别，而今天看到负伤的儿子心里又是疼爱。两人相视无语，各有五味杂陈的重重心事。

父亲说，刚到莱芜的时候，他们部队的人与老百姓一起种田，忙农事，平时以卷烟为主。后来，中央命令向日本鬼子开始大反攻。鲁中后勤医院需要充实医护人员，上级决定从后方各个部门抽调部分年轻人，随即父亲来到医院做护士工作，并很快学会了简单的包扎技术，他只记得他们的院长姓宿。每到晚上，他就来到农民的场院里，和大家一起识字、学习护理知识。

一次医院突然接到任务，来到一个村子里，把有闲置房子的家庭大门上都编上号码，哪家住重伤员，哪家住轻伤员。领导刚刚安排好，还没熟悉村里的地形，一副副担架就从战场上

图 10 1975 年，全家人合影。二排左一为笔者。

抬下好多伤员。根据伤员的伤势轻重，医生们忙碌起来。顿时，整个村庄都挤满了人，伤员的呻吟、号啕声不断。父亲心里不住地犯嘀咕：唉，又是一场激烈的战斗。

后方医院有专门的部队保护，上级的指示是“决不让伤员受到第二次伤害”。每当有敌人“扫荡”或有战斗，都是医院先转移。如果有些重伤员不便转移，就暂时藏到“堰屋”里面。所谓“堰屋”，就是在山上梯田边用石头盖起的小房子，门口用石头堵起来，看上去就像是梯田的一道堰墙，隐蔽性极好。

抗战胜利后，解放区掀起了“反奸清算、减租减息运动”。父亲的部队来到黄河北的滨县、阳信一带，和农民一起斗地主、分田地，帮助农民秋收。1947 年 3 月，华东野战军在陈毅、粟裕等率领下，在沂蒙山区先后进行了莱芜、孟良崮等重大战役。医院接到命令，速去临沂一带，准备接收孟良崮下来的伤员。他们的医院搬到沂水地区的沂河头村，经常和我父亲谈心的卫生班班长王志超、军医刘家任介绍我父亲加入了中国共产党，当晚在一个秘密的深宅里面举行了入党宣誓仪式。

有一天夜里,从战场上抬下一位重伤昏迷的战士,需要输液。但是，夜间没有任何照明设备，父亲借着月光，凭借经验和手上的感觉，一针扎到准确位置。

有一次医院接到任务，到沂河一个地方去接伤员，后勤部队组织了一千多副担架。我父亲同支前的老百姓一道，不分昼夜地急行军，经常是抬着担架走着走着就睡着了。白天是最危险的时候，每半个小时敌机就轰炸一次。轰炸机低空飞行，从房顶上掠过，巨大的声响伴随着机枪扫射，炸弹都把马的肚子炸开了，不时有人倒下。父亲同战友们、老乡们更加小心翼翼抬着伤员，避开轰炸和扫射，心里时刻惦记着上级的指示“决不让伤员受到第二次伤害”。

有一次，在接伤员的途中，经过一条小河，河水都被鲜血染红了。特别是参军第二年，父亲刚调到医院的时候，不懂医术，只能在医院干些杂活，尤其是父亲要把手术后的截肢，用筐挑到山上深埋。领导就嘱咐父亲：“一定要挖个大深坑，用力埋好，以防动物再扒出来吃了。”有时候，牺牲的伤员，来不及掩埋，就要抬着行军。到了晚上就暂时放在村外的场院屋里，父亲他们就要轮流值班。那个时候，还是少年的父亲，一个人在深夜值班非常害怕。夜深人静时，听着风吹庄稼的唰唰声响，真是毛骨悚然。

1948 年春，灾荒严重，各级党政领导执行上级以生产救灾为中心的指示，咬紧牙关，度过艰苦岁月。父亲曾经在博山区池上小峰口、瓦泉一带待过。部队粮食紧缺，他们每天只吃两顿饭，一顿饭只有一个馒头。部队有严格的纪律，就是饿了，也不准去挖老百姓地里的野菜。

新中国成立后，父亲回家探亲，专门到山头庄万松山下的窑厂，看望他的师傅和工友们。他们拉着父亲来到出走前干活的一间南屋墙前，说：“你看，你出走的时候我们用陶泥写在墙上的那行字，仍清晰可见。”父亲抬头看去，那上面写的是：“1944 年 5 月 20 日丁隆昌出走。”

“出走”后的父亲，先是到莱芜八路军鲁中军区后勤医院当了护理员，1948 年 7 月 24 日加入了中国共产党，1950 年 10 月 25 日调到徐州华东摩托装甲兵部队担任军医，1963 年调到莱阳济南军区装甲兵坦克独立一团当军医，1976 年转业到淄博钢窗厂任卫生所所长。

父亲丁隆昌于 2022 年 6 月辞世，享年九十二岁。

父母的“姻缘”

齐德智

爸妈是在1954年结婚的。现他们都已相继过世，在整理遗物时我发现很多他们留下的50年代与婚姻有关的“文物”。联想起他们生前在“锅碗瓢盆交响曲”中，只言片语地讲给我们孩子听的相关故事，再对照这些“老物件”，觉得异常亲切。相较同年代的人，能留下这么多值得回忆的相关实物和证件资料，实在是弥足珍贵，也让我们从一个侧面了解50年代人们真实的生活情况。

爸爸是河北通县人，1940年2月来天津教堂后当学徒。出师后，在天津东亚毛纺厂当油匠。妈妈是山东淄博人，1951年来天津投奔姐姐。

老天津卫历来有个风俗——“正月不提亲”。但甲午年（1954）春节一过，东亚厂的职员孙先生就把他的小姨子介绍给了我爸爸。爸妈第一次见面自然就在东亚里孙先生的家里。

爸妈第一次约会地点是在人民公园。爸爸用他年度全勤奖加上省吃俭用的钱买下的相机，为妈妈拍了三张照片。这泛黄的老照片至今还保存在我家的老相册里，而那台老掉牙的“蔡司”相机依然能正常使用。

解放初期，50 年代的青年，向往新社会、新生活，思想很单纯，人际交往的形式也很简单，婚姻的前奏曲更是“短平快”。由于双方父母都不在天津，两个年轻人一来二往，婚姻大事就自主敲定了，3 月 5 日在新华区民政局领取了结婚证。婚期定于当年“五一国际劳动节”。

爸妈快速定下婚事还有一个原因是当时抗美援朝战争结束了，新中国正在进行社会主义“三大改造”，“公私合营”尚未全面开始。东亚毛纺厂依然保留着原有的一项职工福利——“职工结婚当月可享受三个月工资的礼金”。职工们担心这项

图 1　爸爸在人民公园为妈妈拍的照片。

图2 这是爸爸送给妈妈的一张照片。

福利很快会被取消。因为，天津大多数工矿企业是没有这项福利待遇的。

东亚毛纺厂是1932年成立的老企业，向来重视企业文化建设。为了进一步体现新社会新国家，工人阶级在企业中的主人翁地位，厂工会决定：破旧立新，为本厂四对青年举办一场别开生面的“集体婚礼”。这在50年代很是风光的。工会主席还发给每对新婚职工一本1950年5月1日颁布实施的《中华人民共和国婚姻法》，并要求青年夫妇认真学习。这是新中国成立后颁布的第一部法律，意义重大。集体婚礼是在厂礼堂举办的，仪式很简单，每对新人要有一位长辈参加。当时是我姥姥参加的，并且合影留念。厂工会主席主持并讲话，在集体婚礼的贺词里，厂领导还郑重其事地提出：希望你们在生产中，争当劳动模范的同时，还要早生多生贵子，鼓励每位新娘要争当“光荣母亲”“英雄母亲”。

当时新中国诞生不久，为了医治战争的创伤，快速增加人口，以补充社会主义建设的劳动大军和国防兵员，保卫红色政权，在全社会提倡适龄妇女多生子女。这也是借鉴苏联在二战结束后的做法。

我妈妈生了我们兄妹四个子女，其他几位母亲也都有四到六个子女，距离“英雄母亲”的标准差距很远。我有个同学的母

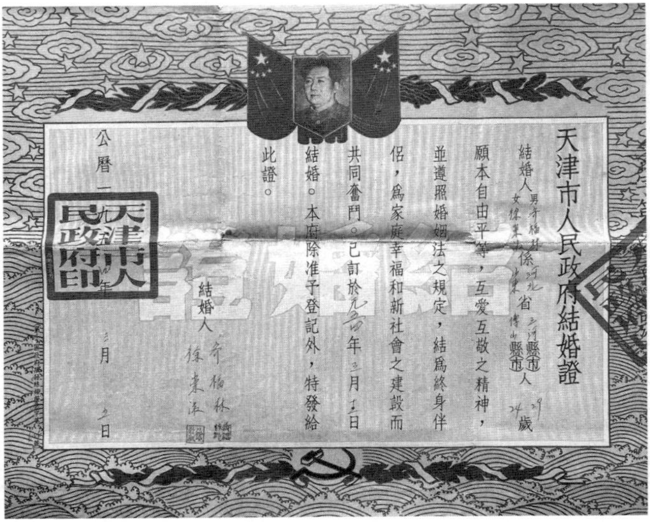

天津市人民政府結婚證

結婚人 男 女 係 省 縣(市)人 歲

願本自由平等，互愛互敬之精神，

並遵照婚姻法之規定，結爲終身伴

侶，爲家庭幸福和新社會之建設而

共同奮鬥。已訂於 年 月 日

結婚。本府除准予登記外，特發給

此證。

結婚人

公曆一 年 月 日

天津市人民政府印

图 3 1954 年 3 月，爸妈领取的结婚证。

图 4 1954 年 5 月，爸妈的结婚合影。

图5 1954年5月，天津东亚毛纺厂首届集体婚礼在厂礼堂举办。

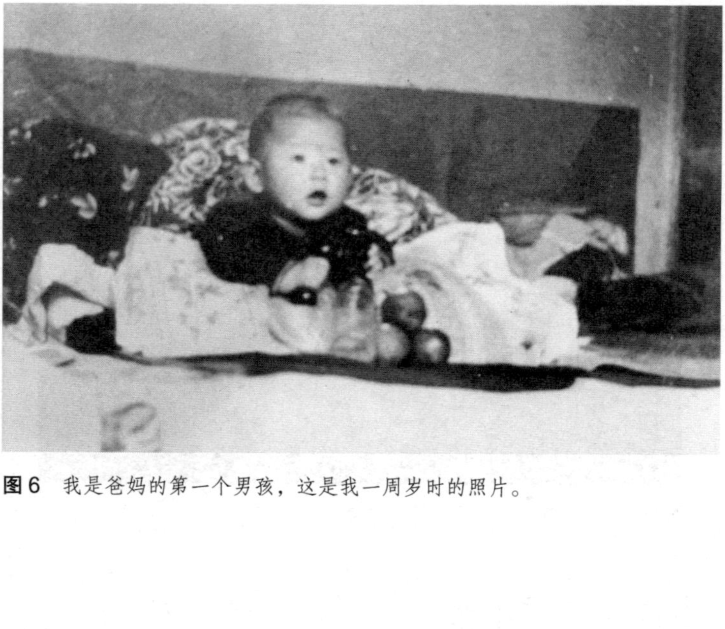

图6 我是爸妈的第一个男孩，这是我一周岁时的照片。

图 7 1985 年 8 月，全家人送我去武汉水运工程学院进修时合影留念。

亲生了九个子女，曾在表彰大会上戴上了“英雄母亲”的大红花。据资料证实，从 50 年代到 60 年代，全国增加了近两亿人口。这也是导致目前我国加快进入“老龄化社会”的最直接的原因之一。

一年后，1955 年 10 月 11 日我在天津纺织医院出生，爸妈至今还保留着我的出生证明，这个“出生证”，几乎成为时代的“孤品”。

影像里的亲情

施顺才

小薇是我和阿琴当年参加援京建设时生的小女儿，乳名叫艾丽，亲戚中也有人喊她“小顺才”，觉得长相酷似我这个爸爸，个性与爱好也与我雷同。

时光如过眼云烟，不知不觉中小薇已奔六了，当我摩挲一张张刻骨铭心的老照片时，记忆的闸门豁然洞开……

一、援京结晶

为响应党的号召，1958 年我与恋人阿琴双双自南京北上，参加支援北京教学仪器厂上马生物显微镜。1963 年 2 月 5 日，小女儿薇薇在京呱呱坠地。为让这一喜讯与南京的父母和亲友分享，我与阿琴思忖再三，商定为襁褓中的宝宝拍张经典“百日照”。由阿琴选购衣料并设计、制作时尚衣裙，我亲手为小薇剪了个童花头后，抱她到北京东单金山照相馆拍了这张“百日纪念照”（图 1）。当我取照时发现小薇被拍得明眸善睐、秀丽可人，按捺不住内心喜悦，就买了一些白色信封和印相药水，把“百日照”印到信封右下角，分别寄到南京，霎时间亲友们

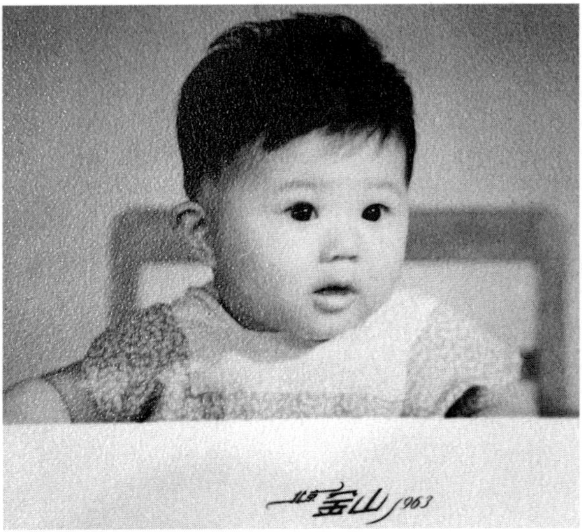

图 1 小薇的百日纪念照。摄于 1963 年。

赞叹不已。

小薇儿时长得讨喜，也好带。犹记当年我们双职工上班前将幼儿送托儿所，下班接回家一人带小孩一人做晚饭或家务，有时遇到我加班或外出活动，小薇又哭又闹不肯自己玩，但只要阿琴给她一本书和一支笔就不再闹了，不住地用笔在书上乱画。我知道后既高兴又心痛，高兴的是预感到小女儿长大定会热爱书画，心痛的是书籍被乱画得不成样子。

援京期间，每逢春节都要回南京探亲与父母团圆。为节省旅费开支，1964 年我们决定带小薇在北京过小家庭的春节（大女儿在南京由母亲带着）。为纪念小薇出世后的第一个春节和小家庭第一次在首都欢度春节，我们精心打扮一番，选择到王府井大街由上海迁京的四联理发厅理发和烫头，再到同是由上

图 2　与小薇在北京合影。摄于 1964 年。

海迁京的著名的中国照相馆拍摄春节纪念照（图 2）。几项费用花去十多块钱，相当我半个月工资，有些奢侈，但觉得很值。

二、金色童年

1965 年援京结束，又回到南京，小薇在莫愁路四新小学度过了从幼儿园到小学毕业的金色童年。这期间，她学习成绩优异且担任了班干部和少先队干部，每遇好事她就会笑靥如花地向我报喜，她荣获过“优秀红小兵”“五好战士”“三好学生”等，不胜枚举。作文与书法作品也多次参展。

小薇上小学就爱阅读。记得我每月给她两块钱零用，可她舍不得买零食吃，当遇到我生病厌食时，她却舍得用自己的零花钱为我买蛋糕，这个暖心的行为令我感动。她舍不得买玩具，却舍得订《少儿报》，还模仿我把报纸夹起来挂在墙上备阅。1972年小薇再次荣获“三好学生”奖项，我问她想要什么奖赏，她嫣然一笑：“我想到玄武湖玩并与爸爸合影。”我欣然应允，并在梁洲拍下这张父女手牵手的亲昵照（图3）。在以后玄武湖举行“开园百年”纪念活动时，我有幸获赠票与家人参与游园活动，斑斓多彩的湖景并未引起小薇的关注，她却在寻觅拍照点，当路经梁洲时，她忽然驻足提议：“给我和老爸在三十五年前拍摄父女亲昵照的原地，再拍张对比照，让我重温儿时的快乐时光。”

图3 父女手牵手的亲昵照。摄于1972年。

依稀记得小薇被选送到“小红花”艺术团时，才十岁左右。我平日要教她拉小提琴，还要陪她去训练舞蹈，遇到她演出结束时，还得骑车把她从演出地接回家。一年寒冬腊月，“小红花”有接待外国元首的演出任务，直到晚上 11 点多才散场，我接她时让她坐在自行车后座上，由于路面结冰很滑，不料在路上摔倒，所幸小薇未受伤，我的脚却扭伤，忍着疼痛花了一个多小时，才把她从冰雪路上推到家。阿琴问我：“跌得痛不痛？”我哈哈一笑：“痛并快乐着！”阿琴笑称：“父爱无垠哦！”次日，我仍坚持转三趟公交车赶到单位去上班，与好友交流时还眉飞色舞地追述小女儿接待外宾演出的情景。

三、祖孙情深

我家属“三代之家”，两个女儿上小学时，我与阿琴工作单位离家远，每天披星戴月，早出晚归。而女儿们只能由八十多岁的父亲照料，从祖孙间的上慈下孝反映出传统的隔代亲。一次天下暴雨，家门前马路上淹大水，每当汽车经过，总会掀起一阵水浪涌进屋内，老小三口在家齐心协力向门外舀水。忙完室内积水，父亲又要冒雨到菜场买菜做饭，两个女儿不让爷爷去，要在家吃饼干，父亲坚持要去菜场，并说：“你们正是长身体的时候，不吃饭不行的！”为此，待我们下班回家后，小薇还难过得哭诉着白天发生的事，并要求我们厂休时带爷爷出去玩。我特意租了一架海鸥相机在游玄武湖时为他们拍了这张“祖孙情”照（图 4）。

父亲患阿尔茨海默病那些年，也是我家尽孝的艰难岁月。一天夜里发现父亲不见了，我们一家人跑遍附近街巷才找着，

图 4 祖孙情。摄于 1974 年。

之后生怕他再度出走，我们采取多种防范措施，在护理方面还有明确分工：阿琴每天下班为父亲洗床单与尿布，两个上小学的女儿给老爸服药与喂饭。晚上我为父亲洗澡，为父洗澡过程中，脑海里时常会涌现儿时父亲为我洗澡的场景，不自觉地亲吻一下老爸满是皱纹的脸庞，就像儿时父亲亲吻我一样，昔日的艰辛变成了心中的感慨。那些年，我的“三代之家”连续三年被评选为“五好家庭”。

四、“艳照”获奖

1980 年是改革开放初期，小薇已念中学，见时尚女孩戴手

图 5　戴钟山表照。摄于 1980 年。

表垂涎欲滴，一心想拥有南京产的钟山表，既为上课不迟到，又为跟上时代潮流。可是钟山表“一表难求”，要排队凭券才能买到。当时一块钟山表卖三十元左右，而相比价位一百元左右的国产品牌上海牌手表和价位在一百五十元以上的瑞士品牌英纳格手表，可谓价廉物美，故深受市民的青睐。那年我五姐来南京探亲，发现小薇有好学上进精神，且又上中学了，决定赠送她一块钟山表。小薇实现了心愿，兴奋不已，对钟山表爱不释手。特意穿上花边红裙，自配一件黄毛衣马夹，戴了一副墨镜，到新街口大江照相馆，自摆造型，突显手腕上的钟山表，请摄影师照了这张戴钟山表照（图 5）。为美化该照，还自行为照片着色，在无彩照的年代，照片着色也算时髦了。

小薇还将该照投向“金陵的记忆”百姓影像展，意想不到的是，该照在两百一十幅参展照片中脱颖而出，荣获二等奖。

五、二登璇宫

南京的金陵饭店于 1982 年竣工，耸立在新街口广场西北角，南京城的老楼房瞬间矮了一大截。金陵饭店开业后，曾一度向市民开放第三十六层的璇宫，那时争购参观券的市民络绎不绝。我幸运地弄到两张票，1984 年国庆节偕同小薇一起前往。当时

图 6 1984 年国庆，笔者与小女儿首登璇宫。

图 7 2002 年，父女二登璇宫。

持票的队伍从电梯入口一直延伸到马路人行道，我们排了将近一个小时才轮到上电梯。进了璇宫找好座位，兴奋的心情难以言表。为了留下这一美好时刻，就请摄影师有偿拍照留念（图6）。

随着璇宫缓缓移动，人犹如悬在空中，四周景色尽收眼底。周边建筑却显得很矮小，远方风景反倒清晰可见。

时隔十八年，应邀出席亲戚宴请，二次登璇宫，我与小薇选择在1984年拍照的位置，摆出当年的姿势，又拍了一张对比照（图7）。同样的璇宫，同样的人，但服饰新潮了，长沙发成沙发椅了，茶几上的假花成真花了，杯中果汁成咖啡了。窗外的市景更不一样了，曾经窗外房屋低矮，在璇宫可居高临下俯瞰市景；而后来窗外全是高楼林立，紫金大厦远远超过金陵饭店的高度，阻挡了观赏远处的市景，金陵饭店的高度早已被赶超啦！

蓦然回首，父女间的亲情故事，无法淡出我的记忆。如今，小薇已迈入花甲之年，我这个耄耋老爸百感交集，在晒出这些影像时，顺赠小薇一句高尔基的名言："父爱是一部震撼心灵的巨著，读懂了它，你也就读懂了整个人生！"

庚子事变后的午门

杨 潜

1900 年 8 月，紫禁城失去了往日的皇家威严。八国联军攻占北京后，于 8 月 28 日在皇城内外进行了一次“炫耀式”阅兵仪式，联军多达两千三百名武装人员和西方外交官，从大清门聚集，沿紫禁城中轴线，依次穿过天安门、午门、太和殿、神武门，以示对清廷的轻蔑和羞辱（图 1）。午门是皇宫的正门，隐喻着大清帝国的国运，它是不会被征服者轻易放过的。1901 年 1 月 27 日，是德皇威廉二世的诞辰日，德军又选择在这里举办了一场颇有声势的庆典。（图 2）

联军对北京的皇城、内城和外城实行分区占领，宗室昆冈等钦派留京办事大臣向洋人多方求告，才未将紫禁城划为占领区。联军将皇宫交由美、日两国兵队看守，美军据午门，日军据东华门、西华门和神武门。尽管对进出皇宫做了一些规定，但各种身份的异邦人士，得以自由入内观览，拍摄皇宫建筑和景物，以满足他们对深宫禁脔的好奇。日本摄影师小川一真与建筑史学家伊东忠太等人曾对紫禁城进行系统调查、勘测，编纂了《清国北京皇城写真帖》。至于西方人拍摄的皇家建筑、园林景观的照片，在当时多用于报刊、书籍及邮政之需，今天

图 1 1900 年 8 月，美国摄影师詹姆斯·利卡尔顿拍摄的立体照片。立体影像技术曾一度流行，立体照相机设有两个镜头，像人的双眼存在间距，捕捉具有视觉差异的影像。但两张拼在一起，照片须用特殊仪器观看，才会产生立体效果。

图 2 1901 年 1 月 27 日，德军选择午门举行德皇诞辰庆典，不只是为下榻西苑仪銮殿的瓦德西元帅到此方便。因驻华公使克林德被戕，德国在战后议和、赔款等一系列问题上立场强横，表现凶暴，处处显示着降服大清的胜者姿态。

则成为众多博物馆、图书馆的珍藏。

在云志艺术馆影藏中，有若干庚子事变前后的午门影像。最为稀见的一帧老照片，是清朝官吏在午门的合影（图3），此前国内未见公开披露，以致罕为人知。一干文武官员及其随从，无所顾忌地在皇宫正门前拍照，与繁琐森严的宫廷规矩大不相合，实在不可思议。联想到直隶总督端方在参加慈禧奉安时，发生仆人“偷拍”事件，以致端方罢官、肇事者下狱。在动辄得咎的宫廷，言行举止稍有不慎，就会涉嫌对上的“大不敬”，招来永劫不复的灾殃。这帧清末老照片，因此显得十分蹊跷与特别。图片未标注任何相关信息，亦不知其来源出处，给解读带来一些困难。笔者先从辨识合影中的官员开始，经细心检索、反复比对，照片中的两名官员身份得以确认：左起第八人是候补侍郎胡燏棻，左起第九人是武卫右军翼长姜桂题。他们位于前排居中位置，无疑是照片里的主角。

接下来的照片解读便顺风顺水。胡燏棻与姜桂题是参与庚子善后事宜的重要官员，其职责一度有过交集。梳理、弄清他们在庚子前后的军政活动轨迹，是解开照片密码的钥匙。

胡燏棻为清末时期著名的洋务派官员，是清军新式练兵最早的主持者，因调任芦津铁路督办，才由袁世凯接替而淡出军界。这位科举正途出身的官僚，思想并不守旧，以通晓洋务、善于交结洋人闻名朝野，故一度遭到守旧势力的打压，庚子事变前屡遭弹劾，被撤去督办铁路的差事，到总理各国事务衙门担任闲差。庚子中，拳民毁铁路，声言“杀了胡燏棻，铁路就断根”，胡因此大恐，以在京家当被毁、须回原籍置办衣物为由，请假数月出京避祸。朝政大局糜烂后，李鸿章出任议和大臣，委派胡燏棻组织善后营务处，协调京畿兵备防务、地方治安的重建。1901年5月，奕劻、李鸿章上奏《联军将退预筹布置折》，奏调袁世凯所部姜桂题及马玉昆两军来京畿驻扎，由候补侍郎胡燏棻居中联络布置。胡燏棻与奕劻、李鸿章均有良好的私人关系，并且熟悉武卫军系统的众多将领，还曾任顺天府尹，深谙京城民情，是居中协调军地双方的合适人选。姜桂题为毅军宿将，甲午战争中率部与日军作战，因旅顺失守，被清廷革职，留营效力。1896年姜桂题被袁世凯招入新建陆军，分统左翼各营，兼任全军翼长，1899年随袁世凯入山东，主要负责对胶澳德军布防。1901年7月，奉命率三千四百人开赴直隶，途中参加对团民作战，8月初抵达京北清河镇，候联军撤离接管北京内城防务。姜桂题拨出一部，成立宿卫营，于8月29日与联军完成

图3 清朝官员午门合影。

交接，临时担负起紫禁城的守卫。

依据胡燏棻和姜桂题在 1901 年中的主要活动，再对照片中人物的夏季服饰、建筑修葺、周边环境等信息综合研判，推断此照拍摄于 1901 年 8 月 29 日至 11 月 8 日之间，即辛丑年夏秋季节。武卫右军和武卫左军入卫京师，是庚子变局的一个重要事件，它与庚子前的极端排外及战后的施行新政，尤其是军制改革前后相连，互有因果。虽不为近代史家所重点关注，却对清末政局的演变与走向，产生了深远影响。条分缕析这一事件与照片的关联，须对历史背景、名物等稍作说明。

先说午门。午门是皇宫正门，位于紫禁城南北轴线，因其居中向阳，位当子午，故名午门。明清两代，凡遇重大典礼、重要节日，都在这里陈设高等级的皇家仪仗。清朝中前期多次在此进行“受俘礼”，宣示战功、武力。按照清朝典章制度，大军征讨获胜凯旋之日，要献俘于太庙，受俘于午门，但一般止于献俘礼毕。只有康熙、雍正、乾隆、道光四任皇帝移驾午门，享此殊荣。八国联军在午门大肆炫耀，还以“其人之道”的侮辱意图明显。小川一真于 1901 年拍摄的午门（图 4），对比图 3 可以发现，墩台和各个阁楼尚未整修，正中门楼重檐之间出现残破，墩台外面表层斑驳，甚至生长出灌木杂草。另一帧来自《庚子事变京师残迹影集》的照片（图 5），与小川一真所摄参看可窥全貌。查《德宗景皇帝实录》，光绪二十七年（1901）四月，“谕内阁，奕劻电奏，京城各处跸路所经，请派大臣修葺等语。现在回銮有期，自应先行择要修理。着派张百熙、桂春、景沣、陈夔龙，切实估修”。又“谕令内务府大臣扫除宫阙”，以迎接回銮。图 3 中的午门建筑已修葺完毕，时间是在联军交还紫禁城后，即着手对紫禁城多处门楼整修。又据口述史料，

图4 1901年，小川一真拍摄的午门。《清国北京皇城写真帖》包括紫禁城、西苑、万寿山、天坛、先农坛、雍和宫等处十大部分，对建筑位置、尺寸、材料、形状等做了详细的记录，是由建筑史家、建筑师、摄影师合力完成的。

天安门、端门、午门等处墙面还刷抹了红灰，亦可从照片得到印证。由此可以大致推断图3的拍摄时间。

再说照片中的人物。合影人员主要来自三个系统：京畿善后营务处、武卫右军编成的宿卫营和内务府护军营。清廷任命胡燏棻的正式名义是“襄办京畿善后营务处事宜”，主要职责是协调布置姜桂题与马玉昆两军进驻京畿地区。其任务划分：武卫右军姜桂题部驻防北京内城，除重点守卫紫禁城，另分扎于内城九门各地段；武卫左军与联军作战虽遭受重创，因战后收编聂士成等各军残部及溃兵，人员数量得以扩充，故部署于北京外城及京郊各处。战前由八旗兵与内务府两个系统构成的禁卫军，除随慈禧出逃的神机营、虎神营计两千余人幸免，其余数万禁卫军受到毁灭性打击。虽经战后收容、整编，亦属杯水车薪，无法承担原有京畿防务。1901 年 5 月，远在西安的清廷派桂春回京，预先筹备两宫回銮，与内务府大臣世续重组了护军营。

照片左侧数人是武卫右军官佐，照片右侧是内务府官员及护军，按新军编练的武卫军与八旗兵的装束迥然不同。武卫右军的前身是袁世凯编练的新建陆军，成军之始便追求西化和统一，就军服而言，与八旗、绿营、勇营的服装相比，不仅式样发生变化，且种类齐全，官兵等级体现得更为明细。而八旗将士固守穿马褂的传统，平时穿着服装多为各式马褂。汉人高级别武官也喜用马褂为行服，以显示身份的尊贵。姜桂题与另外武职官员均身着马褂，是他们除参加朝会、典礼等重大活动之外，办理一般公务时穿着的行服，俗称“行褂”。姜桂题是军中有名的“长人”，此公以勇武扬名，日常却甚少威严，喜与下属说笑。合影的众人大都一脸严肃，独其眉开眼笑，似印证了他的好脾气。马褂来自满洲贵族服饰传统，官员穿着起来并不“简单”，行袍穿在内，腰间系行带，外罩行褂，下系行裳，很有一套讲究。后排被遮挡的人头戴平顶凉帽，这是武卫军士兵夏季配发的藤编军帽，常见于这一时期的新军影像。清廷经庚子之役，痛感旧式军队朽腐无用，遂有彻底改革兵制的决心，新军编练迅速展开。1903 年 12 月设立练兵处，统一全国新军的营制饷章，推出军官制度和军衔制度。到 1905 年，出台《新军统一军服章程》，清末新军“外貌”至此发生了根本改观。

照片中有五位官员穿戴补服，是这帧照片的一大看点。清代官服制度有严格的规定，处处体现“分等级、定尊卑”，官职越高其官服种类越多，使用的布料、珠宝等更加贵重精美，比如佩戴朝珠必须是文五品、武四品以上官员。从佩戴的朝珠、顶戴及补子图案，大致可判断官职的品级。胡燏棻是正二品文官，曾在光绪十七年（1891）赏加头品顶戴，胸前方形补子图案为一品文官的仙鹤。前排另两位佩戴朝珠的官员，补子图案为四品文官的云雁。前排尚有一位没有佩戴朝珠的人，补子图案似为监察官员通用的“獬豸”。京师设五城御史司坊，负责巡查京城内东西南北中五个区域，满汉各一人，为正六品，一般由科道官每年轮替出任。这帧画质清晰优良的老照片，能够展示清代官服、军服及靴帽佩饰的一些细节，在同期影像中实不多见，

图 5 选自《庚子事变京师残迹影集》，拍摄者为西方人，佚名，推断拍摄于 1900 年夏秋之间。

服饰史研究者可为借鉴。

照片是何人拍摄？因何而留下这帧影像？尚待破解。观察合影中的众多人物，队形排列显得随意，视线也未集中于镜头，既不像标准的“留念照”，也不似抓拍的“纪实照”。来自不同衙门的官员是为何事集于午门？聊作一推测：在两宫回銮之前，胡燏棻、姜桂题及内务府官员，对皇宫的禁卫事宜进行巡查，恰有来此的摄影师为他们留下了此帧影像。在武卫右军接收紫禁城之前，尤其是“觊觎”皇宫已久的西方人纷至沓来，留京善后大臣们不得不与联军商订入内规定：“凡文武官员及各国士商，应持有联军各军管带官之信函，准予每礼拜二、礼拜五等日，自午前十点钟至午后二点钟止入内，二点钟以后，应请各位退出”，“入内须提前两日预约，由美军或日军提督批准。”据《瓦德西拳乱笔记》1901 年 2 月 1 日所记：“昨日荫昌将军曾受李鸿章及庆亲王之嘱，特来余处相告，谓近来获得（美国）查非将军书面允许，往游紫禁城之人，屡欲侵入住有妇女之院宇。”以致内庭宫妃惊恐不安，荫昌请求瓦德西对外籍人士严加约束。紫禁城收回后，“总管内务府大臣世续等上奏紫禁城外守门洋兵，一律撤退。即于初五日起。会同三院卿轮班直宿”。虽封闭宫门，不允进入，但此后陆续到京的外国人，仍不时前来宫外观瞻。图 3 为外国人拍摄的可能性很大。

1902 年 1 月 7 日，两宫回京，慈禧曲意结好列强，着荣禄致书各国公使，对他们保护皇宫之举表示感谢，她并亲自出面在宫中款待各国公使夫人。清廷对两宫回銮的“有功”人员大加赏赐，胡燏棻与姜桂题都在其列。胡燏棻很快成为朝廷堂官，1901 年 11 月上谕着派胡燏棻会同办理收回津榆铁路事宜，1902 年 1 月署工部左侍郎，3 月迁刑部右侍郎。姜桂题也屡获

图 6 这帧午门旧影与庚子事变无涉，是目前所见紫禁城最早的照片，是有英、意双重国籍的费利斯·比托拍摄于 1860 年。作为著名的战地记者，他用镜头记录了英法联军与清军的作战行动及战地景观。英法联军进入北京火烧圆明园，但未侵扰皇宫，在议和期间，他与奕䜣拉上关系，还为恭亲王拍摄了肖像照。比托来到午门，对紫禁城外围建筑进行了拍摄。细看此照能发现此午门与庚子后的午门的细小差异。

恩赏，授紫禁城骑马，赏穿黄马褂。1902 年 2 月调离武卫右军，升任重新恢复建制的毅军总统，自此成为独当一面的将领。胡、姜二人还获赏过皇上赐予的“福”字、袍料等物。姜桂题调离后，宿卫营差缺由护驾有功的张勋接替，此乃张勋仕途崛起之端始。

武卫右军禁卫京师，是在原八旗禁卫系统全然瓦解情势下，清廷不得已之举措。汉籍武装充任御林军，有清一代前所未有，既违背祖宗成法，安全也操于汉人，无疑是满洲贵族的一块心病。故编练新军之初，宣布从八旗抽调兵丁万余人，第一期挑选三千多人,按照北洋常备军营制饷章,交由袁世凯创建京旗军。再经两期扩编形成一镇规模，后来统一番号，京旗常备军称陆军第一镇，成为保卫皇室的主要力量。而武卫右军与江南自强军则整编为陆军第六镇。1909 年初，满洲贵族中的少壮派为加强皇室的武装力量，任命载涛、毓朗和陆军部尚书为专司训练禁卫军大臣，1911 年 8 月正式成军，取代陆军第一镇驻守宫禁。这支缺乏实战的御林军，尽管武器装备一流，但在清朝大厦将倾之际，并未起到任何作用。

庚子事变后的几帧午门旧影，就像大历史中的小切片，映射出大清帝国饱受外力冲击，王纲和法度，日趋弛坠；守旧与改革，进退失据。清末新政绝非是清廷主动要求的变革，而是在剧烈的外力冲击下，为求自保倒逼的结果，因而推进最快的是军制改革，政治层面的立宪则是一拖再拖，对高度集权一直不愿放手，最终导致了辛亥革命的爆发。

紫禁城“沦陷”于外敌之手，是创痛至深的国变中标志性事件之一。“清朝官员午门合影”尤具“图史互证”的实据价值和文物意义，不仅清晰地揭示了文字资料中若明若暗的史事脉络，也能从现场当事人中打捞出被逐渐遗忘的信息。在那些地位不同、前程未卜的文武官员的神态表情里，也让后世窥见了几缕鲜活的晚清官场镜像。

（图片由云志艺术馆提供）

战地记者的身影

晏 欢

早年曾发过一篇图文《枪林弹雨下的直播：中缅印战场最震撼人心的一幅战地照》，反响不凡。当年觉得趴在飞机肚子底下现场打字，用电话发出火线报道的场景（图 1）太震撼了！作为战地记者，这种行为近乎疯狂。

今天来介绍我所见到的一位最神勇、最敬业、最“变态”的美军战地记者的几张照片。我在多篇图文中都有提及，在二战中缅印战区有一份美军英文报纸《中缅印战区新闻导报》，总部设在印度新德里，因为中缅印战区总部也在新德里。这份报纸里的大多数照片，都由第 164 照相连的摄影兵们拍摄。我对他们中许多人的大名和作品都耳熟能详，然而，注意力却从来没有聚焦过报纸的编辑和文字记者，也没有留意过这份报纸是如何在战区发行传播的，尤其是如何派送到前线将士手中的。图 2 这一张，还以为是我所熟悉的美军通信兵第 164 照相连中的哪位照相兵呢，但见他手中并没有“咔嚓”的家什，反而是拿了一支卡宾枪，神情紧张地盯着敌方阵地。

原来这位叫雷萨的是一位战地文字记者，大概是书生需要保护吧，还配备了一名中国士兵贴身跟随，怕他有什么闪失不

图 1 趴在飞机肚子底下现场打字，用电话发出火线报道的战地记者。

图 2 《中缅印战区新闻导报》的记者埃德加·雷萨（Edgar Laytha）技术军士，和一名中国士兵趴在一条窄细的战壕里。1945 年 3 月 5 日摄于缅甸八莫。摄影师谢瑞尔。

能自行应付。看样子这是在表现雷萨在战地观察采访，实有摆拍的痕迹。

接下来，又看见了这位斯文的书生记者在用打字机写稿的照片（图 3）。

这张照片无论是质量和构图意境都非常出色，可以看作是雷萨采访之后开始写战地新闻报道。中国士兵似乎还是那个小伙子，毫无疑问，还是有些摆拍嫌疑。紧接着，我又看见了这一张似乎是酝酿气氛的照片（图 4），完全猜不出来拍这些照片到底想说什么。

然而，看过这幅照片（图 5）的背景资料，才知道雷萨是

图 3 《中缅印战区新闻导报》的记者埃德加·雷萨技术军士，在缅甸一座佛寺外用打字机写稿，一名中国士兵在一旁观看。1945 年 3 月 5 日摄于缅甸八莫。摄影师谢瑞尔。

图 4 《中缅印战区新闻导报》的战地记者埃德加·雷萨技术军士，坐在缅甸佛寺外面，在用一台便携式打字机写稿，身旁有一名中国士兵在观看。1945 年 3 月 5 日摄于缅甸八莫。摄影师谢瑞尔。

图 5 《中缅印战区新闻导报》的战地记者埃德加·雷萨技术军士，在跳伞空降前，已经完成了一位 101 突击队军士长的故事写作。1945 年 3 月 5 日摄于缅甸八莫。摄影师谢瑞尔。

在写一个故事，并且要发表在《中缅印战区新闻导报》上；看到现在，他还是一副书生模样，文艺青年范儿。但是，第 101 突击队这个番号的出现，预示着将有非常生猛的故事被讲述出来。因为，这个我熟悉的活跃在缅甸日军后方的英军加克钦组合的游击队，对缅甸战事的胜利作出了巨大的贡献。我在和父亲合著的《密支那战役全记录》一书中，有专文介绍第 101 突击队。

尽管埃德加的目光坚定，但总是难免透露出文艺青年的“诗和远方”之气息，帽檐向上翻翘就是鲜明的特征。接下来这张照片（图 6）透露出雷萨将要展开的行动，开始颠覆我对这位斯文记者的认知了。

要跳伞？为什么要跳伞？雷萨要跳伞吗？这故事越来越刺激了，不像是一个文艺青年要干的事啊！

翻看到图 6 和图 7 这两张照片时，我已经完全明白了：文字记者雷萨这是要跳伞空降到敌后去传播他的报道和精彩故事！这也太疯狂了！这事让空军去干不行吗？非得雷萨亲自装箱、亲自登机、亲自 Jump 不可？这只能说明雷萨实在是太在乎“与读者的互动”了，非得亲手派送他的报纸才过瘾。

看来真不是开玩笑，这个书生战地记者是要玩儿命啦！全副跳伞装备都已经穿好了，登上了飞机，还要把这一大筒报纸一起带到远方的地面上去。

后面这一张照片（图 7），在机舱里将要一跃而下的雷萨看上去有些严肃紧张了。

不知道什么原因，这一张照片的图注突然改成手写的了，猜想摄影师谢瑞尔也登上了这架 C–47 跟随拍摄，执行任务途中没时间坐下来打字，就随手记录了照片的时间、地点、人物

图6 《中缅印战区新闻导报》的战地记者埃德加·雷萨技术军士，在登机进行跳伞空降到曼德勒地区前，正在往这架 C-47 上搬运他的装备。1945 年 3 月 5 日摄于缅甸八莫。摄影师谢瑞尔。

等内容，写在标配的外勤拍摄记录便签上了。

此刻，就要玩儿命跳下，而且还是敌占区后方（按时间推算，此刻英军还没有收复曼德勒）。雷萨显得有些紧张了，尽管紧握绳索，手心出汗，但目光坚毅，脸上写满了自信。就干一战地文字记者的活儿，还得练就一身空降兵的本事，光有本事还不行，这需要有强大的心理素质和大无畏的牺牲精神才玩得起。美军战地记者可不是那么容易当的。雷萨不是一个人在战斗！看这张（图8）！

原来，四天后，还有另外一组“报童”空运报纸去前线派发，

图7 《中缅印战区新闻导报》的战地记者埃德加·雷萨技术军士，站在C-47机舱门口准备跳伞。第164照相连H小组拍摄于1945年3月5日。摄影师谢瑞尔。

图8 来自纽约皇后区的爱德华·麦克南军士正把一大捆《中缅印战区新闻导报》递给飞机上，来自密歇根的朱利斯·麦铎技术军士和来自佐治亚的休·斯塔克一等兵，他们要执行分发报纸给前线作战将士们的任务。1945年3月9日摄于缅甸八莫。摄影师谢瑞尔。

至于是不是“五花大绑”捆上降落伞亲自跳下去，那就注意看机上两人身上的行头啦！

（图片均来自美国国家档案馆，由美军通信兵拍摄）

人生况味

一位“洋太太”的中国心

孙孟英

在上海，只要一提起“国营上海第十八毛纺厂”，出生于20世纪60年代以前的上海人几乎无人不知。

然而，又有谁知道这个毛纺厂的前身名叫上海民治纺织染厂？而该厂坐落在上海杨浦区杨树浦路与军工路之间的那条小路，也由此被当时地方政府命名为“民治路”。

民治纺织染厂的创始人是一位留学英国的海归，名叫高士愚，出身于重庆一个实业大家。他的太太是其留学英国读大学时相中的一位漂亮的英国姑娘，原名叫玛菊瑞·斯考特（Marjorie Scott），嫁给中国丈夫来到中国成为高家媳妇后改名叫高施嘉德，从此她以该中文名一直生活在中国。

1938年秋，高士愚顺利完成学业，与洋太太高施嘉德完婚后，就双双踏上了回国之途。那是一段极其艰苦而又充满危险的漫长之路，他俩先从英国坐船到达法国马赛，再从法国乘坐邮船在大海上颠簸了一个月之后，才到达原法国殖民地的越南海防。

在那段航行中遭遇了多次海上的暴风雨和巨浪，使高施嘉德受尽了晕船、呕吐等身体不适的折磨。然而，这只是高施嘉德才刚刚开始遭遇的一点小波折。当他俩从越南坐火车进入中国云南境内后，高施嘉德在火车上看到沿途许多地方都是一片废墟，满目疮痍，而此时的中国真是烽火连天，灾难连连，到处都受到了日本侵略者飞机的狂轰滥炸，江山破碎，民不聊生。就在他们乘坐的火车快要到达昆明时，还遭遇了日本飞机的轰炸，好在火车正巧进入了隧道，避免了一场车毁人亡的灾难。到了昆明之后，高施嘉德又紧随丈夫一刻不停地乘坐邮政飞机向丈夫老家重庆赶。让人意想不到的是，飞机在飞往重庆的半途上遇上了日本的轰炸机。从飞机上往下看，地面上火光冲天，浓烟滚滚。不一会儿，日本轰炸机飞临到了邮政飞机的上空。邮政飞机的驾驶员迅速采取了紧急迫降，为了乘坐人员的安全，飞机紧急降落在一条小河中，并迅速打开机舱门组织人员逃离。大家下了飞机躲进了庄稼田里，才逃过了一劫。

图 1　高施嘉德与朋友合影。

在经历了一段生死攸关的长途跋涉，洋新娘高施嘉德与中国丈夫于1938年11月16日终于抵达陪都重庆，并得到德高望重的商界巨头、担任重庆商会主席的公公高秀山的亲自迎接，而且为他们举办了盛大的接风洗尘典礼，高家的所有族人及社会名流都应邀参加。

这使洋媳妇高施嘉德非常感动，真切地感受到中国婆家人的热情与温馨。

洋太太高施嘉德入门高家之后，恍然明白自己进入了一户中国的豪门。丈夫家开办有大型商行，主要销售染料、肥田粉、化工原料等，是英国卜内门公司（大英化学工业公司ICI前身）在四川全省的独家经销商。高家独资创办的“美趣时商行”，在四川省好几个县城都有分行。高家开设的另一家公司“慧苓商行”主要销售香水、甘油、口红及雪花膏等化妆品，同时还

图2 高施嘉德夫妇（左一、左二）在留英学生会上同钢琴家李翠贞夫妇合影。

图 3 高施嘉德（右）与两位嫁到中国的“洋太太”合影。

生产销售女袜和提花棉织毯等，生意做得很大很红火。

高施嘉德作为高家的大媳妇，理应享受“衣来伸手、饭来张口”的优渥生活。但是，洋太太高施嘉德并没有这样想，她要为家里的姑姑叔叔当好大嫂。她深知丈夫是家里的老大，下面还有十六个弟妹，自己必须要学会关心和照顾好他们，使自己快速融入这个大家庭。高施嘉德为了同婆家人打成一片，她主动向丈夫的弟妹们学习中文，唯有掌握了中文会话，方能同上上下下、老老少少一家人交流与沟通，而受到良好教育的姑叔们都会讲英文，他们也都愿意教这位洋大嫂中文。洋大嫂在向他们学习中文的过程中，也教他们英文口语。在互帮互学中，高施嘉德的中文水平突飞猛进，不久就能同中国百姓交流了，而她的那些姑叔们的英语口语与听力同样得到了飞速的长进。

高施嘉德还每天跟着家里的姑叔或佣人学做川菜和点心，同时她也教他们学做各种面包、蛋糕等西式点心。每逢节假日她还教他们跳舞、唱歌、画油画。由于她的到来，姑叔们感到这个原本热闹的大家庭变得更加热闹，更加有文化和艺术氛围，一家人都夸高施嘉德是一位好媳妇、好妻子、好大嫂及好太太。

当高施嘉德生下第一个女孩时，全家上下高兴极了，纷纷表示要照顾好她们母女俩及请最好的奶妈与保姆，但被高施嘉德婉拒了。她要用母奶喂养，也不要请保姆照顾。高施嘉德生下女儿的第二天就下床为女儿喂母奶，她的这一做法在中国人

图 4 高施嘉德一家人合影。

看来有些不可思议，但西方女性就是这样的习惯。

重庆作为抗战时期的陪都，是日本侵略者的“眼中钉、肉中刺”，因此这里几乎每天都要遭到日本战机极其野蛮的一波又一波的狂轰滥炸。洋太太高施嘉德每逢看到街上被轰炸的惨状，都会流出悲伤与愤怒的眼泪，她总是会在心中暗暗祷告：希望上帝伸出博爱的援助之手，早日把日本侵略者消灭掉。她痛恨日本鬼子，要尽自己微薄的力量帮助中国人，帮助中国军民共同抗日。

于是，洋太太与丈夫同家人商量决定由高家出钱建立救火会，这样在遭到日军飞机轰炸时就能减少居民的财产损失，及时拯救伤患。同时，高家为了自己家属、店员及邻居生命的安全，还斥巨资挖建大型防空洞，并采纳重庆防空工程处的建议与有八个洞口的重庆水门市民用公共防空洞隧相连，大大方便了市民在紧急情况下躲避轰炸。

1941年9月初的一天，虽然节气已入秋，但素有“火炉”之称的重庆依旧高温不退，火球似的太阳流火喷金地炙烤着大地，让人烦躁不安。然而，就是在这样酷热的日子里，日本侵略者也不会停止对重庆的轰炸。到了下午3点钟左右，重庆市民都以为日机不会来轰炸了，就见缝插针地忙碌着各自的营生。谁知这时，突然防空警报声喧嚣四起，市民们赶快扔下手中的活儿，大人携着小孩跑向就近的防空洞躲避。高施嘉德与高家人迅速打开自家的防空洞大门，让左邻右舍的市民躲进洞内。不多时，日本轰炸机的轰鸣声在城市上空响起，紧随其后就是一阵接着一阵的炸弹爆炸声从外传入洞内，不一会儿炸弹在高家的防空洞附近炸响，高家有几座房屋被炸得粉碎。但更让人意想不到

图 5 高施嘉德的丈夫高士愚年轻时留影。

的是，日本轰炸机这次对高家附近的公共防空隧道进行了重点轰炸，并有针对性地投掷了硫磺燃烧弹，将洞口用这种有毒的烟火封住，致使洞内的市民面临着窒息而死亡的危险。

就在这万分危急的紧要关头，洋太太高施嘉德带着高家人迅速打开自家防空洞通往公共防空洞的木栅门，并指挥恐慌的市民有序进入高家的防空通道，撤离被烟雾封口的公共防空隧道，并不断安慰每个受惊吓的人。由于人多，整个撤离耗时三个多小时，因方法得当，没有发生踩踏事故，没有一人因撤离不当而受伤。而高施嘉德冲在了第一线的洞口，致使左耳被炸弹震聋了，落下终生残疾。这一次，洋太太与高家人共计拯救了两千多名市民。

面对狂轰滥炸，她再也坐不住了，一直想要走出家门，为丈夫的祖国和自己第二个家园的人民做抗战后勤支援工作，为中国艰苦的抗日战争出一份力。

1941年秋的一天上午，高施嘉德经友人介绍参加并出席了由宋庆龄等发起的“保卫中国同盟理事会”会议。在座的有重庆市长贺耀祖夫人倪斐君及其他嫁给中国丈夫的洋夫人，几乎都是上层社会的名流。宋庆龄对高施嘉德的到来与加入同盟会表示热烈欢迎，并让她坐在了身边进行热情的交流，大有相见恨晚之感。

保卫中国同盟的主要工作与任务，是为前线抗日官兵筹集资金、购买各类军需物品，制作衣服、鞋子、被子等，以实物支援前线士兵，同时也供给烈士孤儿及遭遇轰炸而一无所有的贫困苦难家庭，共度国难。

在募捐工作中，“保盟”人员采取了多种方法与形式：找银行和大小企业捐款，举办各种慈善捐款舞会、音乐舞蹈募捐表演会和戏曲募捐专场会、露天杂技表演募捐专场会等。高施嘉德的主要任务是利用特殊的洋人身份，到重庆的外资银行、工厂、商店及公司开展募捐活动，还专门联络在重庆的外籍夫人为“保盟”捐款和出力。经高施嘉德辛勤努力，“保盟”募捐到了一笔又一笔抗日巨款，为支援前线抗日官兵出了一份力量。

一个仲秋的晚上，“保盟”在一家大型舞厅举行慈善捐款舞会，高施嘉德表演了《西班牙女郎》独舞，引爆了台下一阵阵热烈的掌声，观众情绪高涨，踊跃捐款，使这场慈善募捐舞会收获颇丰。

高施嘉德在募捐筹款之余，发动生活在重庆的美国、英国、法国等领事的外籍夫人组成了国际妇女俱乐部，通过她们向自己国内外的亲朋好友宣传中国的抗日，去争取更多的捐款与物资。高施嘉德还时常组织义工人员及家里的保姆在一起打毛衣、做军鞋、缝军服等，她把中国的抗日事业当作了生命中的头等大事，大有“生命不息，战斗不止”的气概。

洋太太高施嘉德为使“保盟”工作开展得更加方便，把高家开在市中心的商行大仓库腾出来，当作专门用于存放捐赠获得的物资中转站，以方便工作人员对物资的运转，大大节约了本已紧张的劳动力，而她则成为不挂名的“中转站”站长，天天忙于收货发货，乐此不疲。

抗日战争胜利后，国家的重点放在了战后重建上，中国一些有眼光的商人把发展企业与经济的地点选在了“远东第一大都市”上海。高施嘉德与丈夫高士愚经过一番市场调查和深思

图6 高施嘉德与女儿和宋庆龄合影。

图 7 高施嘉德抱着三女儿合影。

熟虑，也决定把上海作为企业发展的主要投资宝地，并深信将来企业发展的前景远大，前途无量。

1946 年春，已是两个孩子母亲的高施嘉德与丈夫偕孩子，赴英国和美国购买先进纺织机器设备。经过两个多月的长途跋涉和车马劳顿，夫妇俩花巨资在英国和美国买了全套的开办大型纺织厂所需的机械设备，同时还购买了成套家具和一辆别克小轿车，通过托运直接运送到上海，他俩要在上海大显身手，大干一番。

回国后，高施嘉德随丈夫把家落户在了上海江苏路 237 弄 12 号的一座漂亮的英国式花园洋房，房屋周围环境优雅，闹中取静。丈夫高士愚在安排妥当家里的一切事宜后，便全身心地投入选址开办企业的工作之中。通过多方考察，高士愚最终决定把工厂建在了上海杨浦区杨树浦路军工路之间的一条支路上。

在建造厂房的过程中，高施嘉德带着两个小女儿一直伴随在日夜辛劳的丈夫身边，照顾他的生活起居，亲手煮饭烧菜给丈夫吃，当起了全职家庭主妇。

宋庆龄在抗战结束后，回到上海，由她创始的保卫中国同盟也由重庆迁移到了上海，并改称为“中国福利基金会”。高施嘉德仍是基金会的主要成员之一，负责募捐与捐赠物品的工作。

基金会在上海经常组织一些大型的义拍义卖会及各种义演，通过这些活动把捐到的钱与物品用于帮助穷苦家庭与孤儿。高施嘉德不但自己捐款捐物，还利用自己英国人的身份，出入英、美、法等驻上海领事馆及这些国家的商人开设在上海的企业，募捐到了许多钱款和物品，其中就有美国朋友捐赠的一大批童装等。内战爆发后，许多灾民逃到了上海，基金会为那些无依无靠的逃难者提供食品和衣被。基金会为上海穷苦大众做了许许多多的好事，其中高施嘉德在基金会中的付出和她所起到的作用是很大的。为此，基金会创始人宋庆龄这样夸她道：“高施嘉德是一个真正热爱中国的好女士、好媳妇。”

洋太太高施嘉德与宋庆龄成了好朋友与好姐妹。

内战爆发后，社会动荡不安，高家的工厂运转和生活都出现了困难。不少人听信谣传，怕企业与家产被“共产”而纷纷撤离中国大陆。

1949 年 4 月，战事逼近上海，物价飞涨，食物紧缺，不少企业家及商人开始逃离上海。丈夫高士愚在他人的劝说下，也决定举家离开上海。当年 5 月初，纺织巨头高士愚与高施嘉德偕全家人坐飞机去了香港。

高士愚夫妇到香港后，仍操老本行，并在雄厚资本的支撑下兼做其他生意，并很快做得红红火火。然而，就在这时，即

图 8 高施嘉德与丈夫高士愚在翩翩起舞。

1950 年初春，高施嘉德收到了在上海的好姐妹宋庆龄的来信，告诉她新中国百废待兴，新政府充满活力地在大搞社会主义建设，迫切希望他们回上海为建设新中国而出力，并一再说政府会全力帮助和支持他们搞好企业，保护他们的财产与生命安全。

高施嘉德看了宋庆龄的来信后非常兴奋和激动，就积极动员丈夫高士愚重回上海发展事业，他俩深信宋庆龄信中所写的一切都是事实，深信人民政府会保护民族企业家的人身与财产的安全不受侵犯。1950 年 4 月，洋太太高施嘉德与丈夫高士愚带着全部资产回到上海，欲为新中国建设大显身手，大干一番……

几个闯关东的章丘铁匠

郭乾坤

大清王朝的龙兴之地辽宁、吉林、黑龙江三省，由于地理位置处山海关以东，人们把它俗称为“关东”。老百姓迫于沉重的生活压力，生死未卜去关东闯荡，谋求生路的迁徙行为，人们叫做“闯关东”。

民国二十九年（1940）春，原济南府章丘县郭家庄郭方芝与族人一起，开启了郭家庄人闯荡关东的艰辛之旅。他们是文祖东山峪最早闯关东的章丘人。

郭家庄这次一起去关东闯荡的共有九人。春节一过，郭方芝就带着年仅八岁的儿子郭光臣，与族人依依不舍地踏上了关东遥远而艰辛的漫漫之旅。

历经千辛万苦，这拨郭家庄人，临时落脚在了辽宁省昌图县三江口。

三江口地处昌图县最北部，辽、吉、蒙三省区的交界处，是当时昌图县的镇所，周边屯子多，人口稠密。在他们逗留的这几天里，感觉这里条件不错，人好客还善良。当地既没有铁匠铺，也没有会打铁的。最主要的是，他们打听知道，三江口地区没有日本人，老百姓最恨的“胡子”（即土匪），也很少来

图 1 郭方芝全家福。拍摄于庚寅年（1950）农历六月三江口照相馆。郭方芝（前右），妻子刘氏（前左），儿子郭光臣（后右），女儿郭凤英（后中），儿媳张明杰（后左）。

这里祸害。“胡子”一般都在山区和人烟稀少地区活动，这里地势平坦，人口稠密，“胡子”来了也占不到便宜，所以很少来，百姓日子相对安稳。他们便决定在这里落户扎根，打铁谋生。

闯关东的这九人，除两个孩子外，个个是打铁的行家里手。

郭端学掌钳多年，心灵手巧，无论什么活路，只要他看了就做得出来。郭方兰十五岁在老家跟着大人学打铁，二十岁不到就成了打铁掌钳的高手。打铁有道关键工序是淬火，淬火最讲究火候，火候只要把握得好，刀具格外锋利，郭方贵最会看火候。郭方芝虽不会打铁，但忠厚老实，头脑灵光，多复杂的人情世故他都能处理得熨熨帖帖，是对外联络、推销活路的一把好手。打铁的这几个人，虽然生在章丘的大山沟里，出身贫寒，但个个身怀绝技，手艺不凡。

他们在三江口落户后，先是找个角落搭起窝棚，算是有了家。再在人口稠密处，用四根木桩支起简易棚，砌起炉灶，安上风箱，放上铁砧，几把大锤，铁匠铺就开了张，养家糊口遂有了着落。

菜刀砍刀铡刀，是铁匠铺的主打产品，在当地最畅销。郭家人打铁技艺高超，他们用心选料，精心打制。再加上刀具的关键工艺淬火掌握得好，打制的各种刀具既锋利又耐用。

郭家的这个铁匠铺从小到挂马掌打剪刀，大到造机具修设备，他们无所不能，无所不精。其产品总是很快被抢购一空，供不应求。

铁匠铺一时成了当地人的谈资。有时他们不买东西，也会溜达到铁匠铺围观，看这伙打铁的章丘人要手艺。听着叮叮当当的铁锤和呼呼的风箱声，看着炉膛蹿起的火苗和上下翻飞的大锤，一块通红的铁疙瘩，瞬间变成一把大砍刀，叮当声中一把小剪刀又成了形，围观者表情各异，他们不像在看打铁，极像在观赏艺人杂耍。这伙人能耐出众，围观者竖起拇指啧啧称赞。郭家铁匠铺的人气越来越旺。在三江口不长时间，便打出了名气，叫响了名声。

随着百姓日常生活制品销售不断翻番，铁匠铺的收入日渐丰厚。也就三四年光景，他们便在当地置了地盖了房，有的把家属也迁了过来。凭着手艺，靠着勤劳，仗着诚实，他们终于在三江口站稳了脚，有了自己的生存之地。

章丘老家族人听说在东北闯荡的这些人打铁发了财，过上了富日子，又有十几人投奔到三江口，入了他们的伙。铁匠铺也从最初的一盘炉四五人，最后扩大至四盘炉二十几人，打铁的全是郭家庄人。

郭方芝在铁匠铺跑外，负责产品推销。他高大健硕，容仪温伟。虽不苟言笑，但忠敦和厚，为人诚笃。祖父郭念本清末在乡村开办蒙学馆“一经堂”时，他就深受学养深厚的祖父影响，知书达理。屯里人都愿和这个背着布褡子卖刀具的，有点文质彬彬的老郭头打交道。只要他一来，很快围满人，听他讲山东故事，扯章丘逸闻。聊来关东碰到的善人，遇到的晦气。他的产品在与众人的闲拉谈笑中很快就卖光，并且还能接到不下三天活路的产品预订。

郭方芝人缘好，腿脚勤，脑子灵。几年下来，三江口及周边地区被他跑了个遍。二十里地界内屯里的农家，多半是他的用户。“要用好刀具，去找老郭头”，“郭家铁匠炉，东西靠得住”，成了三江口周边屯里百姓常挂嘴边的口头语。郭家人不但挣了大钱，还把章丘人憨厚诚善、勤劳能干的好名声留在了三江口。小小铁匠铺，被他经营得红红火火，风生水起。

郭方芝在几年的业务销售中，接触了社会的方方面面，增长了见识，聚集了人气，看懂了经商门道。这为他日后在商界打拼发展，奠定了坚实的基础。

郭方芝逐渐意识到，当地不光各种刀具好销，其他日常生活用品，如锅碗瓢盆、锄镰锨镢、桌椅板凳、铁桶瓷缸等百货，需求量同样很大。这个商机不能错过，三江口的市场必须占领。他决定自己投资，开办一个为屯里老百姓服务的百货商行。

经过多方考察，充分酝酿，精心准备，民国三十六年(1947)，郭方芝推掉铁匠铺的活路，在三江口选址投资，开办商行，起

图2 1951年，郭光臣被昌图县公安局录为正式警员，成为一名光荣的人民警察。参加工作的第一个月，郭光臣（右）与同事身挎短枪，在三江口照相馆合影留念。

图 3 昌图县鸶鹭树区公所公安特派员郭光臣，多次立功受奖。1954 年春，郭光臣（后站立者）胸佩立功勋章与同事在鸶鹭树照相馆合影。

字号“丰源”，经营日用百货。

陶瓷大缸是东北农家的必备之物，储粮食、泡酸菜，家家必用，不可或缺。东北地广粮食多，大缸能储粮，还能防鼠害。这里冬季漫长，泡上几缸酸菜，一个冬季吃菜就没了问题。因此，再穷的人家也有几口大缸。

大瓷缸还是冬季很多家庭洗澡的好设备。农户家里有的是庄稼秸秆，锅里添上水，几把柴火烧热，放到缸里洗澡，既方便又经济实惠。难怪当地人把一个家庭具备的大缸数量，看作是这个家庭实力的象征和对亲朋好友炫耀的门面。

20 世纪 50 年代初，陶瓷大缸在昌图县是紧俏商品，商家无处采购，用户没处购买，供应特别紧张。一次偶然的机会，郭方芝在朋友的帮助下，寻到大缸货源。他果断出手，一次购入一号陶瓷大缸八千口。八千口大缸，这在当时是个惊人的数字和轰动的事件。丰源大缸有货了，消息在三江口和周边地区不胫而走。货还没卸完，火车站外面拉大缸的马车就排起了长队。几天工夫，八千口大缸很快销售一空。对东家的这次大手笔操作，丰源账房刘先生端着烟袋锅，眼睛眯成一条缝，喜滋滋地对着家人说，掌柜的人缘好，眼睛独，胆子大，这钱东家挣得痛快。

从此，丰源商行财源广进，名声大振。当地人和郭方芝开玩笑："老郭头，你这个山东棒子可真能耐，把关外的钱都赚走了。"

经过艰苦的努力和超凡的经营智慧，丰源商行人气大涨，收入倍增，成为三江口的纳税大户，多次受到表彰。

在新中国成立之初的剿匪、锄奸、反特、镇反等运动中，丰源商行带头捐款捐物，为新生政权的内保作出了贡献。昌图县公安局抓捕的一名国民党党员魏鸿，他那密密麻麻十一页纸的近万字的认罪坦白书，至今还完整地保存着。

郭方芝生意兴隆，喜事连连。先是儿子郭光臣与在三江口经营副食品的豪贾、山东省淄博市周村区王村镇沈古村张道江长女张明杰喜结良缘。后儿子郭光臣被辽宁省昌图县公安局录为正式警员，成了一名人民警察，先后在昌图三江口区公所、昌图鹭鹭树区公所任公安特派员。

郭光臣成了家，当了警员，能站在安保第一线为国家出力

图 4 1955 年，昌图县公安局鸳鹭树区公所全体工作人员欢度春节合影留念。右侧站立者为郭光臣。

尽忠，他豪怀盈襟，兴奋异常。利用休息日，与同事身挎短枪，威容十足地在照相馆留下了珍贵合影（图 2）。

郭方芝的十六年关东之旅，凭借善良忠厚的为人处事，吃苦耐劳的勤奋精神，在三江口闯出了一片自由驰骋的天地。

儿女双全，事业有成；家庭美满，生活丰盈。庚寅年（1950）农历六月，郭方芝与妻子刘氏、儿子郭光臣、儿媳张明杰、女儿郭凤英一家五口，在三江口照相馆，拍下了幸福满满的全家福（图 1）。

七十年倏忽而逝，照片中的他们早已去世或退休。但郭方芝及儿子郭光臣那段闯关东艰辛的创业史和成功后美满幸福的家庭生活，永远镌刻在了他们的后人心中。

岳 母

罗海源

岳母于 2018 年 4 月辞世。她走的那天，上午还到山里扯了笋，回家后只是觉得有点累，就躺在床上休息，想以此解除因扯笋带来的疲乏。到中午饭点时，岳父叫她起床吃饭，竟然没有一点反应，才发现不对头。此时，已无法阻止她走向另一个世界的脚步了。谁也不曾想到，那天她躺下后，就再也没有站起来。实在太突然，连一句话也没有给她的儿女们留下，就匆匆地走了！

岳母出生于 1941 年，家里有些田产，衣食无忧，家境算殷实。新中国成立后，家庭成分自然定得较高，谓之“地主”。在后来的历次运动中，家人吃了不少苦头。好在她长大成人后出嫁了，才免遭精神或肉体上的折磨。

但是，即便如此，在当时的政治环境下，有这么一个“成分”，总觉得自己要低人一等，做事、做人都要格外小心、谨慎。这一状况直到改革开放地主、富农分子摘帽后才逐渐改善。

岳母于 1959 年与岳父结婚，婚后三年才生育小孩，一生中共生育六个子女，其中二男四女。那时，还处在物质十分匮乏的六七十年代，将儿女们抚育成人，所付出的心血是当下年

岳母大女儿志明与岳母合影。摄于1986年。

轻人无法想象的！也正因为如此，养成了岳母一生勤劳的习惯，造就了岳母精于持家的能耐。

岳母是个十分能干的农村妇女，可谓“下得厨房，入得厅堂”。家庭生活必需品几乎都是由她采购，儿女们读书开家长会，以及与儿女们相关的好多事也都由她代劳。正因为如此，在与妻子恋爱之前我先认识的她。那是一次在春节前乡政府举行的退伍军人及军、烈属座谈会上，她是唯一的女性参会者，那时才四十多岁，身穿一件已经褪色的上衣，脚穿一双洗得很白的解放鞋，整洁、朴实、干练。没想到后来竟然做了我的岳母，当初是怎么也没有想到的。

岳母的辛勤付出有了回报：两个儿子都跳出了农门。大儿子志明高中毕业后应征入伍到了部队，又考上了军校，顺理成章地当了部队干部。小儿子志权师范毕业后做了一名中学教师。在农村，儿女们能跳出农门是一件让人羡慕的事。同时，也让一些心术不正的人十分嫉妒与仇恨，并且做出些不可理喻的事来。我妻子祖母坟头的石碑上，凡是她孙辈中男丁的名字都被人用铁錾清除了。可见这嫉妒者的恨意有多深了！

更不幸的是，岳母的大儿子、我的妻兄，在四十四岁那年因病痛去世。白发人送黑发人，这人生中最大的不幸之一落在了岳母的身上。对她的打击有多大自然就不言而喻了。记得那是 2009 年的 10 月份，妻兄病故后，我也随岳父母一同到了山东济南，到妻兄所在的部队处理后事。他生前部队为其举行了一个较为隆重的追悼仪式。从部队首长宣读的悼词中，我才知道：妻兄生前为原济南军区坦克乘员训练基地第一教练室助理讲师，专业技术十级，中校军衔。妻兄爱岗敬业，严于律已，把自己的一生奉献给了部队，是一个合格的共产党员。

灵堂告别之际，岳母那撕心裂肺的痛哭与悲痛还深深地烙在我的心里。

之后我写了一首古体诗《哭妻兄志明》：“风华正茂病缠身，抛妻弃母到九泉。灵堂告别泪盈面，只恨无力拽他还。”以此记录我们那天的心境。

随着时间的推移，岳母或许已经从痛失爱子的阴影里走了出来，哪曾想到，在没有任何征兆的情况下，她却匆匆地走了……

悲哉！

我们的自行车时代

牛国栋

小时候，一直梦想早日拥有一辆自行车。

没成想在早年的欧洲，自行车也曾是奢侈品。自 18 世纪末开始，法德英等国一些发明者已设计出自行车雏形，19 世纪下半叶日渐成型，但数量极少，价格昂贵，奇货可居。

中国人最早见到这种“怪物”是在“十里洋场”上海滩。清同治七年（1868），几辆自行车首次从欧洲运抵上海港，供有钱的洋人在马路上消遣娱乐。自光绪十一年（1885）开始，英商怡和、德商禅臣、法商礼康等洋行将更加成型的自行车及零件以“五金杂货类”输入上海，到 19 世纪末自行车在上海已有广泛市场。上海人始称自行车为脚踏车，可不知何时开始叫做自行车了。至于港澳地区称之为单车，应该是后来的事。有种说法是因为单车是指单人骑乘，以此名区别于多人乘坐的三轮车。

济南街头出现自行车似应在 20 世纪初自开商埠之后。1908 年 6 月 26 日《大公报》载：“历下（指济南老城）各街，乘脚踏车者络绎不绝，车价为之骤涨。”1927 年刊行的《济南快览》中记述：“自行车自民十以后，即行于市，多为日商及中等以上商伙代步品……又以其价廉（与汽车相比）而行速，故多利用之。”但终因车价较贵，除洋人、洋行买办或达官显贵，平民百姓不敢问津。

1938 年，济南市商会《工商业统计表》中，经营自行车的业户已发展到七十九家，使用工人数三百二十一人。车行主要集中在普利门外的二大马路和魏家庄一带。车行里卖的、街上骑的都是外国牌子，诸如德国钻石、荷兰飞利浦、英国三枪、日本堀井等。位于经二路纬一路的义利洋行，是家德国商号，曾有人目击，这里所售德国飞鹰牌自行车，从二楼的窗户里向楼下扔，下面有人扶起来照样骑着走，以此炫耀其产品坚固耐用。

那时自行车稀少,孩子们看着稀奇,每当有人骑车招摇过市,总会引来孩子们嫉妒和起哄的喊叫：“两个轱辘三根梁，上面坐着兔子王，见了老爷不闪路，刚啷刚啷摇铃铛。”二十多年

图 1 1892 年 10 月，两名美国人骑自行车做穿越亚洲之旅来到中国。

图 2 1900 年，在美国宾西法尼亚骑车送报的男孩。

前拍摄的电视剧《燕子李三》中有一个镜头，民国时的山东省政府主席韩复榘骑着自行车由后宰门街拐向大明湖，便是当年的真实写照。

新中国成立后，国产自行车品牌飞鸽、永久和凤凰相继问世，人们评价道："飞鸽利，永久轻，骑上凤凰不用蹬。"但直到80 年代以前，城乡居民生活贫困，生活物资匮乏，职工工资一月才几十块钱，百姓生活的至高追求是"三转一响"，即自行车、手表、缝纫机和收音机，而一百多元一辆的自行车（60 年代执行高价时曾达两百元至六百元一辆）无疑是最为外在的财富象征。当时买自行车除需积攒若干个月的工资，还要凑够五十至

图 3 20 世纪 20 年代，济南街头的自行车。

七十张工业券。那时工业券也是紧俏货，是自上而下逐级分发，到了基层单位不好分发时甚至采用抓阄的方式，积攒这几十张工业券也需要很长时间。有了工业券还需托关系、“走后门”才能买上车。

青岛当时还仿照早年德国产大飞轮三枪牌自行车，生产全国唯一大飞轮载重自行车，起初名“国防”，后来称“金鹿”，百姓则习惯叫“大国防”“大金鹿”，其最大特点是大飞轮，即脚踏后转刹闸，济南人称之为倒闸。与手闸刹车相比，倒闸具有刹车平稳、不会前倾的优点，更适宜于山区丘陵坡路骑行，且载重量大，人称“铁驴子”，得到农民们的青睐。后来烟台出产一款双蝶牌小轮坤车，车身小巧玲珑，售价仅为八十五元，深受女士们的喜爱。70 年代后期，济南破天荒地出了款白鹤牌大链盒自行车，因价格比同类车便宜二三十元，在济南很有销路。自行车中的“天花板”无疑是凤凰牌PA28型锰钢胀闸大链盒（上海业内行话叫全链罩）自行车，虽车身高大但重量轻，比一般车贵几十元，成为少量家庭条件好、有路子的人首选及炫耀资本。

当时人们对于自行车的喜爱程度令今人难以想象。车子买回来，要进行“保护性包装”，可谓“武装到牙齿”。为防止磨掉车体喷漆，很长时间舍不得拆下包装车架子的瓦楞纸，或用宽的彩色塑料绳将车架子包裹起来。每天空闲的首要任务是擦车子，尤其是车轮辐条和瓦圈要用棉纱蘸煤油将电镀层擦得

图4 20世纪20年代的作家兼车手托马斯·哈代带灯的自行车。

图 5 风雪兼程。笔者摄于 20 世纪 90 年代末。

锃亮，生怕锈蚀。隔三差五还要用“油葫芦”给车轴、飞轮和车链子滴润滑油，连脚蹬子都套上橡胶套以延长使用寿命。女人们还喜欢将车座罩上丝绒带流苏的套子，两个把手上套上毛线织成的把套，有的还将车轮辐条上缠上几缕彩色鸡毛伴随轮子转动，以此吸引他人目光。

父亲单位有位叔叔曾有辆全院唯一的凤凰 28，平时车子擦得亮闪闪，别人看着眼馋，都想去借他的车子骑，但视车如命的他，总会掏出一毛钱，让你去坐公交车，当时一毛钱能坐很多站。下雨时他宁肯自己肩扛自行车，脚下蹚着水，也绝不让自己的爱车“受委屈”。“车骑人”在发大水的街道上屡见不鲜。

我家当年唯一的自行车是永久牌的，父亲骑着上下班。小学三年级的我学会了骑车，因个子矮小，上不去大梁，便采用孩子们通常的“掏裆式”骑法，即一只脚踏好脚蹬子，另一只脚从车架大梁下伸过踩到另一个脚蹬上，斜着身子骑行。每到傍晚，我总盼着父亲早点下班回家，以便接过车子在家门口空旷的操场上骑行几圈，那份快慰是现在的孩子难以体会的。

50 年代，北京等城市交通规则规定，在晚上路灯亮起时，骑自行车要点灯照明。最高档的是自摩电车灯，装在前轮外侧，夜晚骑车时，一按车把旁的开关，发电机头上的转轮就靠在轮

图 6 老车行。笔者摄于 20 世纪 90 年代末。

图7 走街串巷收铺衬。笔者摄于20世纪90年代末。

胎上，由轮胎摩擦带动发电，车灯就亮了。还有一种干电池车灯，插在灯插上，有开关控制，遇有警察检查即打开，过后则关上，为节省电池，平时舍不得开。有人夜行时手拿手电筒照明，很是方便。北京早年还有一种虽然省钱却略显麻烦的行车照明，这便是二分钱买一个点小蜡烛的小纸灯笼，用一只手提着，用时点上，过后吹灭。侯宝林相声《夜行记》中便有骑自行车

图 8 窄巷里的赛车手。笔者摄于 21 世纪初。

提灯笼烧衣服袖子的桥段，看似夸张，却也是实情。60 年代后，由于城市道路照明条件逐步改善，便不再强调骑车“点灯”了。

“文革”刚开始时，自行车前安装车灯（或车筐）的位置要求安装语录牌，系搪瓷制成，用螺丝帽固定。街头还有“红小兵”监督岗，检查自行车语录牌是否安装到位，也帮助交警叔叔检查自行车载人的违规行为。有一次父亲骑车带着学龄前的我，在趵突泉前街与山水沟交叉口被执勤的“红小兵”逮个正着，要求父亲当场背诵语录并承认错误后始予放行，因为当时规定除婴幼儿可以坐在特制的自行车座椅上外，骑车人不得载大孩子及成年人。当年为躲避交警，经过路口红绿灯和交警岗亭时，自行车后座上的人跳下再跳上成为一景。

当时自行车车铃有三种，一种是老式的单摇铃，按一下发出“丁当”的响声。第二种是手拉铃铛。这种装有弹簧装置并带有小轮的铃铛，固定在车前轮右侧的车架上，与前轮紧挨，用一根小绳一头拴在铃铛小轮上，一头系在车把上。当需要响铃时，便用右手拉紧小绳，铃铛上的小轮便与车轮接触，随着车轮转动，铃铛便连续地响起来。手中小绳一松，铃铛便会弹回原来位置与车轮脱离，便不再响。第三种应该是70年代后才有的转铃，一按铃钮，铃铛旋转并发出连续的清脆的“叮铃铃”声。因转铃刚刚流行，声音又好听，一时间，偷铃铛皮的歪风横行。无奈人们只好在车铃上加了一道钢箍做防盗装置，结果小偷干脆把整只铃铛都偷走了。于是，人们便随身携带螺丝刀，到了目的地第一件事是先卸下铃铛收好，回来骑时再装上。今天仍会在一些城市的古玩摊上，偶尔发现有自行车铃铛售卖，也兜售着那份记忆。

为保养维修自行车，当时街头有很多自行车修理铺和摊点。我参加工作不久就学会了修补车轮内胎，给“龙弯”的车圈整形，换闸皮、修闸线等活计，为此还购置了补胎用的橡胶水、木锉、活扳手及松紧辐条用的圆形扳手等专用工具，在单位还常帮助同事们修车，美其名曰：做好人好事。

那时自行车都是自家“壮劳力”，生活好帮手，似乎成为家庭中的一员。赶集买菜，买粮食，买蜂窝煤，换煤气罐等这些力气活都离不开自行车。驮几十斤的大白菜、十几斤一捆的大葱、几十斤一筐的苹果、上百斤的面袋子、几十斤的蜂窝煤之类，有了自行车便都不在话下。很多年前，某电视台一档著名征婚栏目中，一位崇尚财富的征婚女子曾说过一句“名言”：“我宁肯坐在宝马车里哭，也不愿坐在自行车上笑。”其实她还真不知道，早年自行车是恋爱的最佳道具，不知成全了多少有情人，迎娶新娘有时也少不了自行车的功劳。在那时，自行车的地位似乎一点不比今天的宝马车逊色。

一向不爱运动的我，此生唯一的“准长途”骑行，是在80年代初的一个春夏之交，我与袁爱国、任建新两位老兄结伴，各自骑着自己普通的自行车（那时也没有山地车），一同奔赴位于龙洞东南的佛峪。我们从建新兄位于经七路纬一路的寓所启程，一路上坡，一路颠簸。那时的济南南部山区的道路绝非今日这样平缓通达,而都是蜿蜒崎岖的山路,很多路段还是土路。从市区到仲宫，再绕行到佛峪，二三十公里的山路我们竟然骑了两个多小时。佛峪风景绝佳，曲径通幽，怪石嶙峋，草木葱茏，细细的瀑布似白色的纱从悬崖上漂落，林汲泉澄清而甘冽，难怪当年大儒周永年在此泉畔结庐隐居读书。只是此行天黑才骑车回家的我，累得不可名状，屁股磨得生疼，自行车也被糟蹋得够呛。

进入21世纪，私家轿车、电瓶车迅速而大量进入家庭，自行车便悄然退市。近年各种共享单车似乎一夜间涌上城市街头，人们骑行颇为便捷。但对于骑完了就扔的单车，人们不可能专一与专注。若单车有灵，或许也会哭吧！

国立音乐院校址变迁始末

李建华

国立音乐院草创于民国十六年（1927）10月。当时，国民政府大学院刚在南京成立，通过了音乐院创办计划，校方委托萧友梅博士负责筹备国立音乐院。在听过上海市政厅大乐音乐会后，萧友梅主张将音乐院校址设在上海，他认为“学音乐者必定先有一种熏陶，方可容易领略（尤其是学新音乐）”。

1927年11月27日，国立音乐院在法租界陶尔斐斯路56号（今南昌路48号）举行开学典礼，蔡元培先生任院长，萧友梅任教务主任（代理院长）。始于11月初旬，国立音乐院便已开始招生。开院次日，《申报》刊登相关报道：

> 国立音乐院昨日（二十六）下午二时在陶尔斐斯路举行开院礼，以该院演奏厅作临时礼堂，出席者蔡院长、元培大学院秘书长金曾澄、行政处长杨杏佛及褚民谊及各教员等。行礼如仪后，主席蔡院长致训词，次萧友梅报告筹备经过情形，旋由来宾金杨诸君相继演说，国文教授易韦斋亦对学生致勉励语，继请教员王瑞娴女士独奏钢琴、朱荇青先生琵琶独奏……

由于萧友梅所领开办费仅两千余金，所以校舍只能择房租赁过渡。陶尔斐斯路 56 号校舍是租来的住宅，合礼堂、教室、办公室只有六七个房间，最初的教员队伍由一名钢琴老师、一名小提琴老师、一名声乐理论老师、一名琵琶老师和一名国文老师组成，且学杂事务亦由教师兼任，学生仅有二十三人。三个月后，全院教职员已有十八人，包括正副教授各两人、讲师九人、助教三人，其中外籍教师四人，学生已达五十六人。1925 年至 1927 年间，时任大学院教育行政处长杨杏佛先生住在上海法租界环龙路（今南昌路西段）100 弄铭德里 7 号，他也出席了国立音乐院开院礼。杨杏佛家离音乐院校舍很近，步行约十分钟。

图 1　国立音乐院开院纪念照片。选自《音乐院院刊》1928 年第 1 期，第 1 页。

图 2 1929 年秋，国立音乐专科学校在毕勋路 19 号开学。选自《乐艺》1930 年第 1 卷第 1 期，第 9 页。

1935 年之前，国立音乐院因未自建校舍，居无定所，与当年上海美专一样遭遇屡迁校址之困扰。1928 年 2 月，国立音乐院开院不久，校址旋迁至霞飞路（今淮海中路，常熟路以西）1090–1092 号。据查 1928 年版《上海街道名录》悉，音乐院租得 C. E. Holmes 和 V. Tchaikovsky 名下之两幢洋房暂作校舍之用。然而，学生在霞飞路课堂仅坐了半年，屁股还未焐热，就又要搬家了。同年 8 月，音乐院租得毕勋路 19 号花园洋房暂作校舍。这次音乐院与房东签了三年租约。11 月 27 日，国立音乐院在毕勋路校址举行一周年校庆活动，蔡元培、萧友梅、杨杏佛等出席了校庆礼并合影留念。

1929 年 7 月，国民政府公布《大学组织法》，国立音乐院改名为国立音乐专科学校（简称“国立音专”，英文名为 The National College of Music，一年后英文校名又改回 The National Conservatory of Music），萧友梅任校长。校内分设校长室、会议室、办公室、教室、图书室、乐器室等。由于场地所限，国立音专学生宿舍只能另租他处。男生宿舍设在拉都路（今襄阳南路），距校至迩，往返称便；女生宿舍设在辣斐德路（今复兴中路）1295 弄桃源邨 58–63 号（萧友梅曾住该邨 64 号），可住学生数十人，与本校右邻，往返亦不劳跋涉。

1931 年 8 月，因毕勋路 19 号校舍租约期满，业主收回房子，国立音专遂迁至辣斐德路 1325 号，直至 1935 年江湾新校舍建成。至此，国立音专已三迁校址。细看毕勋路校址老照片（图 2），笔者发现照片左侧竖着两根电线杆，其中一根貌似公共租界的方形电线杆，而校门右侧门底角有一界石桩，桩上刻有“CMF”即法租界公董局之缩写，门右上框有“19”号门牌。至于公共租界的电线杆为何立在法租界地盘上？可能另有故事，就此打

图 3　国立音乐专科学校教职员工学生全体合影。选自《乐艺》1930 年第 1 卷第 1 期，第 10 页。

图4 国立音乐专科学校校舍。选自《中国建筑》1935年第3卷第5期，第16页。

住。1931 年秋，国立音专全体师生在辣斐德路 1325 号校址举行开学礼。

1935年，国立音专新校舍在江湾市中心区市京路456号（今民京路 918 号）落成。新校舍建筑工程占地十六亩，由罗邦杰建筑师设计，新恒泰营造厂承造。校舍共三层：第一层西翼为奏乐厅，可容三百余人，平时学生公开演奏即在此举行，其余为大小课堂；第二层西翼为办公室，东翼为阅览室；第三层为国乐（琵琶、横笛、二胡等）授课教室，中间为播音室，供学生播音输送歌乐。校舍建筑工程力求经济朴实，外墙采用清水红砖，屋面铺盖青色瓦片，墙脚粉水泥假石，内部隔音设施尚称完善。在校舍前东西两边空地上，建造了三十余间学生练习室。宿舍则位于校舍东西两侧，与练习室连以走廊，也有三十余间，每间房可住四人，内设衣柜、书橱等。

国立音专自建校舍后，告别了以往“漂泊”的日子，本想可以从此专心于音乐教育。然而，1937 年“八一三”淞沪战事爆发，国立音专迫于局势再次迁回法租界，又一次靠租房办学，以避战火。是年 8 月，国立音专将办事处设在徐家汇路 850 号（上海骨科医院旧址）；两个月后，因西门外妇孺医院（今上海红房子妇产科医院）也迁至该处，国立音专只能退租，遂迁至马斯南路（今思南路）58 号办公。全面抗战时期，国立音专一校三址：高恩路（今高安路）58 号为教室，马斯南路 58 号和台拉斯脱路（今太原路）217 弄 5 号作为学校办公和仓储之地。

图 5　国立音乐专科学校校长萧友梅先生在新校舍前留影。选自《良友》1935 年第 112 期，第 9 页。

图6 20世纪50年代，南昌路48号上海市卢湾区中心小学。此处曾为国立音乐院旧址。

1941年12月太平洋战争爆发，国立音专被汪伪政府接管，改名为国立上海音乐院。抗战胜利后，又改名为国立上海音乐专科学校。1949年9月，国立上海音专改名为国立音乐院上海分院，贺绿汀任院长，向隅、谭抒真任副院长。1950年4月，国立音乐院上海分院再次改名为中央音乐学院上海分院，于1954年迁入漕河泾新建校舍时，学校名为中央音乐学院华东分院。

1956年11月，学校定名为上海音乐学院（Shanghai Conservatory of Music，简称“上音”）。由于漕河泾地处郊区，而上音教师大多居住在市区，通勤不便，加之学生要开音乐会，可漕河泾却没有音乐厅，上音师生们都希望校舍能搬回市内。1958年，时任上海市市长陈毅在上海大厦听取工作汇报时，贺绿汀院长把学校的具体情况向他作了报告，陈毅市长当即拍板：“把上音搬到市中心。”上音有福，梦想照进现实！对于这次迁址，贺绿汀1997年曾撰文回忆：

> 陈毅同志下命令给上海市领导，应该把音乐学院搬到市中心。于是，在曹荻秋副市长主持下，于1958年召开第二次市长会议，学院领导和上海市警备区领导及公安局长参加。当场警备区领导表示部队保卫大上海应在郊区，不必在上海市中心，警备部队愿意把淮海路汾阳路复兴路之间七十亩地全部让给音乐学院，音乐学院附属中学迁到东平路九号约五十亩的地方。

1958年，上海音乐学院从漕河泾迁至汾阳路20号（原上海犹太人俱乐部旧址），直至今日。

苏州北寺塔的历史影像

谭金土

苏州北寺塔是报恩寺的佛塔，报恩寺始建于三国赤乌年间（238—251），孙权为报乳母陈氏抚育之恩所建。报恩寺塔重建于南宋绍兴年间（1131—1162），八角九层，高七十六米，砖身木檐，塔内设置木梯，人们循级而上，可俯瞰苏州古城全貌，为“江南第一古塔”，列为国家级文物保护单位。

北寺塔位于苏城南北主干道人民路北端，新中国成立后它是苏州1路公交车的行车线路，号称“古城第一路”。人民路旧称卧龙街，它像一条横卧在古城的长龙，因清乾隆皇帝南巡苏州时走过，遂改称护龙街。北寺塔犹如这条长龙的龙头，它看尽了苏州千年的兴衰。

1949年的初春，苏州下了一场大雪。这是1949年的雪后一位摄影爱好者在北寺塔的北侧拍摄的雪景照片（图1），大雪掩盖了一切污垢，装点了贫民窟的草棚，也预示着苏州的春天即将来临。这个时候，长江北面的人民解放军正在集结，渡江战役正在紧锣密鼓地策划着。

1949年4月27日，苏州解放。人民解放军正向中国的经济中心上海进发。一大批进步青年来到苏州，参加各种形式的

图1 1949年，初春北寺塔雪景。

干部培训学校，为新中国的建设培训人才。华东人民革命大学借用了报恩寺的一百零八间僧房上课住宿，朗朗的读书声、激昂的演讲声响彻在报恩寺内，缭绕在北寺塔顶。一批批经过培训的青年从这里走进继续南下的革命队伍，走向重建新政权的

图2 1958年，北寺塔下拓宽的人民路。

工作，还有的走向了抗美援朝的战场。直到1955年华东革命大学完成了历史任务，撤出了北寺塔下的报恩寺。1982年时任南京大学校长的匡亚明来苏州考察，与北寺塔公园的主任沈国抚见面时风趣地说："你当过和尚，我也当过和尚。"原来当年沈国抚是华东革命大学的学生，而匡亚明曾来到华东革命大学上课演讲，他们是师生关系，当年都住过僧房，在寺庙里上课，所以匡亚明以"当和尚"戏称。

重建是一项艰巨和繁重的任务，都说旧社会的苏州是一个富人吃喝玩乐的消费城市，民间顺口溜"庙门比厂门多，宝塔比烟筒多"是当时的真实写照，据当年宗教管理部门统计，苏州城内外大大小小的寺庙有三百多座，道观有一百多所。1953年，党中央提出第一个五年计划，着力发展工业化建设，到1957年，苏州北寺塔周边就建起了阀门厂、长风机械厂、绸缎练染厂、林业机械厂、农业药械厂、东吴丝织厂等一大批工厂，高高的烟囱里冒出的黑色的白色的烟雾成为北寺塔周边的一景。

随着工业化的进程和城市人口的增长，苏州旧城的道路无法适应现代城市公共交通的要求，人民路被市政府定为苏州1

图3 1959年，从北寺塔前走过的游行队伍。

图 4 1965 年重修北寺塔时的情形。

路公交车的通行线路，窄窄的人民路自古就是苏州城里的南北大道，但要通公交车却阻碍重重，拓宽人民路提上了议事日程。这是一张 1958 年人民路拓宽后的照片（图 2），只有十余米宽的人民路拓到了四十米宽。拓宽前，居委会干部对居民们说：现在我们隔着路可以喊话聊天，以后拓宽了对面说话就听不见了，要准备装电话了。拓宽后的人民路用城西开采的金山石条石砌筑，为 1 路公交车的通行开辟了坚固又耐用的通道。为庆祝十周年国庆，在北寺塔南建起了华柱状的牌坊，庆祝国庆的游行队伍一队队地通过北寺塔前的牌坊前行（图 3）。

1963 年北寺塔前的大雄宝殿倒塌。“前车之鉴，亡羊补牢”，市政府拨巨款于 1965 年开始对出现险情的北寺塔进行大修（图 4），换下蛀蚀的立柱，直到 1967 年竣工，北寺塔顶的一棵长了多年的构树被拔除了，塔刹拨正了，这座千年的古塔得以屹立不倒，专家感叹，如果迟一年修塔，塔将倒塌无疑。

1969 年，北寺塔上挂起了大幅标语，北寺塔前挂满了“生命不息、战斗不止”之类的标语和红色宣传画(图 5)。那个年代，显示苏州人民“反帝反修”力量的民兵武装的游行队伍从北寺塔下走过（图 6）。人民路也在这时被“开膛破肚”，一条防空洞在人民路的地下建起，批斗所谓“牛鬼蛇神”的示众车辆也在北寺塔下往来。

1971 年，苏州迎来了第一位外国元首——柬埔寨国王西哈

图 5 1966 年，北寺塔上挂上了标语。

图 6 1969 年，全副武装的民兵队伍走过北寺塔。

努克亲王。北寺塔南边原来迎接乾隆皇帝的接驾桥前建起了一座钢架木构的牌坊，毛泽东的“四海翻腾云水怒，五洲震荡风雷激”的手书诗句挂在牌坊两边（图 7）。西哈努克的车队风光无限地通过北寺塔的围墙边、接驾桥的牌坊下。

1978 年党的十一届三中全会召开，北寺塔迎来又一个春天，从申时行祠堂前移来的重檐斗拱的牌坊在北寺塔前竖起。1979 年 6 月 20 日，北寺塔周边经过一系列整修，挂上“北塔公园”的牌子对外开放（图 8）。改革开放的春风劲吹，北寺塔所在的人民路日新月异地改变着面貌。

这是 1989 年的一张在东吴丝织厂楼顶上拍摄的以北寺塔为背景的照片（图 9）。十三位胸前挂着测量设计图版的技术人员在一位导师的指导下使用测量仪表，为城市改造作技术准备。元末由沈万三出资雕刻、为吴王张士诚歌功颂德的纪功碑修复竖起来了，北寺塔东侧的明万历四十年（1612）重建的楠木观音殿修复起来了，北寺塔北侧的花园建成了苏州园林的规模。1990 年北寺塔公园复归报恩寺佛门，北寺塔上的塔铃声和佛寺的晨钟暮鼓相呼应，佛前的香火鼎盛起来了。

90 年代，人民路再次拓宽，苏州城市的改造在继续进行着，

图 7 1971 年，为迎接西哈努克建起的牌楼。

图 8　1979 年，北塔公园前游客留影。

图 9　1989 年，测绘人员在东吴丝织厂楼顶学习测绘。

一家家在新中国成立后兴建起来的工厂已完成了它们的历史使命，它们不断地迁出古城，到城外重建，进行技术改造，使产品升级换代，它们的旧厂房被拆除改建，它们的烟囱一个个被推倒，它们对城市造成的工业污染要清除，烟囱比宝塔多的自豪不再作为古城的目标。古城保护已作为硬指标列入两千五百多年历史文化名城的坚定目标。北寺塔周边的林业机械厂、长风机械厂、绸缎练染厂的旧址上建起了苏州美术馆、苏州名人馆、苏州丝绸博物馆、苏州园林式的平江府别墅群。

书末感言

与《老照片》永在的三位故人

冯克力

今年以来，有三个人的辞世，于《老照片》有切身之痛。

第一位是年初离去的曾长年担任《老照片》特邀执行编辑的张杰先生；第二位是4月辞世的美国的《老照片》研究者爱德华·克雷布（Edward Krebs）先生；第三位是6月去世的老照片收藏家谭金土先生。这三位先生与《老照片》的相遇，都在二十多年以前，而且颇具传奇色彩。

张杰先生原是山东省纺织厅供销公司的一名职员，因给刚面世不久的《老照片》勘误，与《老照片》结缘，被聘为特邀编辑，为《老照片》兢兢业业地工作了整整十七个年头。他的专业素养和敬业态度深得读者、作者和同事们的赞许。张杰先生去世后，大家纷纷著文怀念他（《老照片》微信公众号里曾集中发布过），而他的许多建树，至今令《老照片》受益。

爱德华·克雷布先生是美国的一位大学教授、历史学者，他带领学生来中国访学时，在北京地铁站的书摊上偶然见到了热销中的《老照片》，遂开启了对《老照片》的研究，后来还策划推动了《老照片》英文选本在美国的出版。尤其是他对《老照片》的独到理解与阐释，在很大程度上启迪、拓展了我们对《老照片》价值的认知，茅塞顿开。对此，我曾在第109辑《老照片》的“书末感言”里有所述及。

谭金土先生则是苏州市人民检察院的一名检察官，当年他受《老照片》的影响，开始收藏老照片并尝试向《老照片》投稿，一发而不可收，收藏、研究相得益彰，成为《老照片》的一位重要作者。本辑特刊出了金土先生的一篇存稿，以为缅怀。

他们一位是供销公司员工，一位是美国大学教授，一位是地方检察官。他们的职业虽风马牛不相及，国籍也不一样，却因《老照片》走到了一起。他们分别以编辑者、学术研究与海外推广者、常年作者的身份，为《老照片》做出了不菲的贡献。

他们虽然离去了，但将永远与他们所挚爱的《老照片》同在！